AF274822

# Newton Compton Editores

Título original: *The Zodiac Guide to Sagittarius*

© 2023, Summersdale Publishers Ltd. Published by arrangement with
Summersdale Publishers, part of Octopus Publishing Group Limited.
Via Anna Spadolini Agency.
Text by Emily Kearns.
© 2025, de la traducción por Marta Cueva Camblor
© 2025, de esta edición por Antonio Vallardi Editore S.u.r.l., Milán

Todos los derechos reservados

Primera edición: noviembre de 2025

Newton Compton Editores es un sello de Antonio Vallardi Editore S.u.r.l.
Pl. Urquinaona, 11, 3.º 1.ª izq. Barcelona, 08010 (España)
www.newtoncomptoneditores.com

Gruppo editoriale Mauri Spagnol S.p.A.
www.maurispagnol.it

ISBN: 978-84-10359-68-0
Código IBIC: WS
DL: B 11.143-2025

Composición:
Javier Sánchez Meco

Diseño de interiores:
David Pablo

Impreso en noviembre de 2025 en Puntoweb s.r.l., Ariccia (Roma), en Italia.

Astrid Carvel

# Guía astrológica
# de Sagitario

Traducción de Marta Cueva Camblor

Newton Compton Editores

Barcelona, 2025

# Introducción

¿Estás preparado para abrir tu mente a la sabiduría ancestral del zodiaco y explorar posibilidades ocultas? La astrología es tan extensa como el cielo de noche, una gigantesca y compleja red de estrellas, constelaciones, planetas, esferas celestes y horizontes cuyo mapa fue diseñado por nuestros antepasados durante miles de años con el fin de darle un sentido al tiempo que nosotros, los seres humanos, pasamos en este mundo.

Este libro te proporcionará los instrumentos necesarios para que explores más a fondo los comportamientos y los rasgos de personalidad que te definen y las relaciones que entablas con los demás para ayudarte a revelar posibilidades ocultas en los movimientos de los planetas. Te servirá de guía y de apoyo cuando lo necesites.

La astrología es un viaje hacia el descubrimiento de nosotros mismos en el que podemos ir sumergiéndonos lentamente o zambullirnos con decisión hasta el fondo, aprendiendo pequeñas cosas sobre los astros o adentrándonos en la complejidad que los envuelve.

A lo largo de estas páginas, encontrarás información detallada sobre la historia del zodiaco y sobre diversas tradiciones astrológicas. Entenderás cómo construir tu carta natal, su significado y lo que puedes aprender de ello.

Descubrirás el significado de lo que las posiciones planetarias intentan comunicarnos, cómo descifrar tu signo solar y lunar, tu ascendente y muchas más cosas. Observarás las casas o los segmentos de la bóveda celeste que están relacionados con distintos aspectos de tu vida y aprenderás a descodificar tus enseñanzas. En este libro se exponen los modelos que la materia celeste crea dentro de cada casa para ofrecerte el camino hacia sus significados.

Después estudiarás con detalle tu signo solar y su relación con todos los aspectos de tu vida y aprenderás a cuidar de ti mismo obteniendo el mayor provecho posible gracias a las ideas y recomendaciones relativas a tu signo del zodiaco.

¿A qué estás esperando? ¡Que comience el viaje!

# Primera parte
# Bienvenido
# al zodiaco

Este capítulo te guiará en un viaje que parte desde el origen del zodiaco, hace miles de años, hasta la actualidad y la importancia que sigue teniendo hoy en día. Para comprender a fondo tu signo solar, al que comúnmente solemos llamar signo del zodiaco o signo de nacimiento, tal vez antes quieras leer acerca de cómo la práctica de la astrología, tan extendida como hoy la conocemos, ha ido evolucionando a través de la historia y de las tradiciones.

¿Qué nos ha llevado a los seres humanos a mirar al cielo en busca de orientación desde los tiempos más remotos y por qué aún seguimos haciéndolo? Las investigaciones sugieren que la astrología es hoy en día más popular que nunca. Está experimentando una especie de renacimiento, quizá porque las innumerables incertidumbres de nuestras vidas nos impulsan a mirar hacia la oscuridad en busca de consuelo. El saber extenso de las estrellas está completamente a tu disposición. ¿Estás preparado para hacerlo tuyo?

# ¿Qué es la astrología?

Antes de continuar, es importante entender la diferencia entre astronomía y astrología. La **astronomía** es el estudio científico del universo, los planetas, las estrellas, los cuerpos celestes y el espacio en sí mismo. Por otra parte, la **astrología** estudia cómo la posición en que se encuentren las estrellas y los planetas en el momento en que nacemos puede influir en nuestra personalidad y afectar a nuestro modo de dirigir nuestras vidas.

La astrología es una interpretación de la posición de las estrellas y los planetas, pero también está estrechamente relacionada con el comportamiento humano y la influencia de los cuerpos celestes en él, en los estados de ánimo, las elecciones del día a día y la actitud de cada persona. Los astrólogos consideran que todas las cosas forman parte de una realidad interconectada y que comprender el antiguo simbolismo de las estrellas y de los planetas en relación con los acontecimientos de nuestras vidas es un proceso en constante evolución.

La astrología no dicta que los planetas y las estrellas tengan poder sobre nosotros o nos permitan prever el futuro, aunque sugiere que la esfera celeste es capaz de crear ciertas direcciones y situaciones que puedes aprender a usar a tu favor.

El poder de las estrellas está a tu disposición; solo necesitas un poco de práctica.

Los horóscopos que aparecen en las revistas y en los periódicos son solo la punta del iceberg. Para saber

qué cosas te mueven desde una perspectiva astrológica, basta con saber tu fecha de nacimiento. Desde
ahí puedes encontrar tu signo solar y lunar y tu ascendente, crear tu carta natal y emprender un camino de
autodescubrimiento. Pero eso lo hablaremos en los
siguientes capítulos. El mundo de la astrología es in-
menso, está abierto a todo el mundo y puede ayudarte
a comprender tus puntos débiles, tu comportamiento
y la forma en que te relacionas con los demás. También
puede ayudarte a descifrar tu pasado y abrir la mente
de cara al futuro.

El primer paso de tu camino celeste es fundamental:
es el momento de aprender qué es el zodiaco.

# Historia del zodiaco

Mucho tiempo antes de que pudiéramos viajar al espacio e incluso de que los telescopios nos permitieran estudiar con detalle mundos más allá del nuestro, los seres humanos observaban el cielo nocturno para saber en qué periodo del año se encontraban y planificaban sus vidas según la posición de las estrellas. Incontables viajeros se fijaban en el cielo para decidir el camino que debían seguir y, en el paso, los marineros confiaban en la bóveda celeste y utilizaban la estrella polar como guía. En el antiguo Egipto, los campesinos sabían predecir la crecida anual del Nilo cuando la llamada «estrella del perro», Sirio, se dejaba ver en julio. Los fenicios observaban la posición del Sol en el cielo para decidir qué caminos escoger y en numerosas culturas pasadas se elaboraban calendarios lunares para llevar un registro de los acontecimientos religiosos.

Aunque el momento exacto de la historia en que se empezó a relacionar los signos del zodiaco con características y comportamientos de los seres humanos continúe siendo todo un misterio, sabemos que el zodiaco se originó como un instrumento para medir el tiempo. Los primeros astrólogos crearon el calendario de los signos del zodiaco trazando las constelaciones en una franja de cielo, dividida en doce segmentos, que cubría la Tierra y en la que se movían el Sol, la Luna y los planetas.

Cada uno de esos doce segmentos comporta un signo

del zodiaco y cada signo se representa con una constelación; además, el Sol tarda aproximadamente un mes en atravesar su segmento de cielo. Por eso a los signos del zodiaco también se los conoce como *signos solares*.

Aunque la creación del calendario de los signos del zodiaco que aún empleamos hoy en día se atribuya a los antiguos griegos, existen evidencias que confirman que ya en el año 1500 a. C. los babilonios habían concebido un conjunto de signos similares a los nuestros.

☾ ✳ ¿Por qué el calendario de los signos del zodiaco empieza en marzo?

Los antiguos griegos creían que el primer día de la primavera coincidía con aquel en que el Sol entraba en la constelación de Aries, lo que marcaba el inicio del calendario. Tenía sentido que el año comenzase con los primeros brotes verdes que surgían de la tierra tras el invierno, lo cual le confería a la primavera el significado de un nuevo inicio.

# ¿Cómo funciona?

Existen numerosas técnicas y aplicaciones astrológicas, pero la más utilizada en Occidente es la astrología moderna o psicológica (puedes consultar el capítulo **Las distintas técnicas astrológicas**, página 31).

Lo primero que tienes que hacer es crear tu carta natal. Hoy en día se puede hacer con bastante facilidad gracias a internet, pero antes de la era tecnológica quienes pretendían buscar respuestas en las estrellas debían navegar entre un sinfín de páginas de volúmenes polvorientos para encontrar la información necesaria para crear una carta astral correcta.

Tu carta natal representa la posición en la que se encontraban las estrellas y los planetas más importantes el día de tu nacimiento. Esta carta constituye la base de cualquier horóscopo o lectura. El astrólogo, o tú mismo cuando hayas aprendido a hacerlo, compara tu carta natal con la posición de las estrellas y de los planetas en algunos momentos claves para comprender tus motivaciones. Conocer el comportamiento de los planetas te da el poder de hacer predicciones sobre el comportamiento de una persona en determinadas situaciones y en un momento concreto. Ninguna de estas predicciones puede considerarse decisiva, pero a muchas personas les tranquiliza tener cierto conocimiento de su propia psique.

Combinando los movimientos planetarios con las características de tu signo solar o zodiacal, las de tu signo lunar y las de tu ascendente (puedes consultar los capítulos **Cómo calcular tu signo lunar**, página 74, y **Cómo calcular tu ascendente**, página 78), además de tener en cuenta tu elemento (puedes consultar el capítulo **Los elementos**, página 27), podrás llegar a conocer qué cosas te llevan a tener determinados comportamientos e incluso a entender por qué algunos rasgos de tu personalidad son tan distintos a los de otras personas de tu círculo social.

Las páginas de este libro te revelarán algunos aspectos de la astrología que te permitirán obtener una visión más clara de ti mismo.

# Glosario

**Zodiaco**: Es un fragmento de la bóveda celeste en el que se mueven el Sol, la Luna y los planetas visibles durante todo el año. El zodiaco está dividido en doce segmentos según las constelaciones que representan los signos solares: Aries, Tauro, Géminis, Cáncer, Leo, Virgo, Libra, Escorpio, Sagitario, Capricornio, Acuario y Piscis.

**Signo solar**: Es tu signo del zodiaco, determinado por el día de tu nacimiento. Por ejemplo, si naciste el 21 de abril, tu signo solar será Tauro.

**Carta natal**: Es una «fotografía» de la posición de los planetas el día de tu nacimiento.

**Planetas**: En astrología, los planetas se refieren a los mismos del sistema solar: Mercurio, Venus, Marte, Júpiter, Saturno, Urano, Neptuno y Plutón (aunque este último ya no venga incluido como parte del Sistema Solar en las clasificaciones más recientes). El Sol y la Luna también se consideran planetas en la astrología moderna.

**Casas**: Son los doce segmentos del cielo nocturno que se superponen a los signos del zodiaco. Cada una de las casas representa un área diferente de tu vida.

**Elementos**: A cada uno de los signos solares se le atribuye uno de los cuatro elementos: fuego, agua, aire o tierra.

**Signo lunar**: Tu signo lunar es el signo del zodiaco en el que se encontraba la Luna el día de tu nacimiento.

**Ascendente**: Tu ascendente es el signo del zodiaco que estaba surgiendo –o ascendiendo– en el horizonte oriental el día de tu nacimiento.

**Retrógrado**: Este término hace referencia a una ilusión óptica que hace que parezca que los planetas se mueven en sentido contrario dependiendo de su posición en el cielo nocturno respecto a la Tierra.

**Punto medio**: Es el punto intermedio entre dos cuerpos celestes sobre tu carta natal.

**Horóscopo**: Tu horóscopo es un mapa astrológico de la posición en que se encontraban el Sol, la Luna y los planetas en un momento concreto en relación con tu signo solar, lunar y ascendente. Este mapa puede ayudarte a comprender acontecimientos pasados o asesorarte de cara a sucesos futuros.

# Tu signo solar

*Signo solar* es simplemente otra manera de llamar a tu signo del zodiaco. Año tras año, la Tierra da una vuelta completa alrededor del Sol y pasa aproximadamente un mes dentro de cada uno de los doce signos del zodiaco. El signo solar viene determinado por tu día de nacimiento: el signo por el que transitaba el Sol en ese momento es el que te corresponde astrológicamente y puede ser Aries, Tauro, Géminis, Cáncer, Leo, Virgo, Libra, Escorpio, Sagitario, Capricornio, Acuario o Piscis.

Por ejemplo, es imposible ser un Aries «puro», dado que los demás planetas tendrían que haberse encontrado en el mismo segmento de tu signo durante tu nacimiento, lo que nunca podría ocurrir debido a sus órbitas y a la distancia que existe entre ellas. Sin embargo, como el Sol se considera el cuerpo celeste más influyente del horóscopo, tu signo solar es una fuente valiosa de la que puedes aprender mucho sobre ti mismo.

Aun así, para obtener un cuadro completo, es necesario estudiar la influencia del Sol y de los otros planetas sobre tu horóscopo, dentro del cual los elementos más importantes serán el ascendente y el signo lunar. Si todavía no sabes cuáles son tus signos, aprenderás a calcularlos en las próximas páginas.

Estos elementos esenciales de tu carta natal (puedes consultar el capítulo **Ejemplo de carta natal**, página 67) te ayudarán a descubrir los secretos cósmicos de tu carácter y de tu funcionamiento interno.

# Cómo determinar tu signo solar

Identificar tu signo solar es sencillo.
Busca el periodo en el que cae el día de
tu cumpleaños en la lista de abajo:

| | |
|---|---|
| **Aries** | 21 de marzo – 20 de abril |
| **Tauro** | 21 abril – 21 de mayo |
| **Géminis** | 22 de mayo – 21 de junio |
| **Cáncer** | 22 de junio – 22 de julio |
| **Leo** | 23 de julio – 23 de agosto |
| **Virgo** | 24 de agosto – 22 de septiembre |
| **Libra** | 23 de septiembre – 23 de octubre |
| **Escorpio** | 24 de octubre – 22 de noviembre |
| **Sagitario** | 23 de noviembre – 21 de diciembre |
| **Capricornio** | 22 de diciembre – 20 de enero |
| **Acuario** | 21 de enero – 18 de febrero |
| **Piscis** | 19 de febrero – 20 de marzo |

# Los signos

## Aries (21 de marzo – 20 de abril)

**Símbolo:** carnero
**Elemento:** fuego
**Planeta dominante:** Marte

Los nacidos bajo el signo de Aries son valientes y resueltos, pero también pueden ser algo infantiles, impacientes e impulsivos. Son resolutivos, directos y son capaces de tomar decisiones fácilmente y con claridad. Son líderes natos y, al igual que el carnero, defienden con obstinación su independencia. Les encanta ir en busca de emociones, con pura alegría de vivir.

## Tauro (21 de abril – 21 de mayo)

**Símbolo:** toro
**Elemento:** tierra
**Planeta dominante:** Venus

Los Tauro son pacientes y fiables y están dotados de gran perseverancia. Demuestran una profunda lealtad hacia la familia y los amigos y su fuerza y su tranquila determinación son fuente de inspiración para los demás. A los Tauro no les gustan los cambios y no soportan cuando alguien les mete prisa. Anhela estabilidad y la comodidad de su hogar. En las relaciones, busca seguridad emocional; a lo mejor le lleva un poco de tiempo encontrarla, pero cuando sucede se esfuerza como nadie para mantenerla.

## Géminis (22 de mayo – 21 de junio)

**Símbolo:** dos gemelos
**Elemento:** aire
**Planeta dominante:** Mercurio

Los nacidos bajo el signo de Géminis son personas alegres y optimistas, aunque también curiosas y racionales. Son excelentes comunicadores y son increíblemente sociables, siempre dispuestos a interactuar con cualquier persona que se encuentren. El elemento de dualidad que los caracteriza puede llevarlos a tener dos lados muy distintos en su personalidad y poseen una vena cambiante y superficial que deben esforzarse por tener bajo control. En sus relaciones, buscan vivacidad y tienen un talento único para encontrar cosas en común con todo el mundo.

## Cáncer (22 de junio – 22 de julio)

**Símbolo:** cangrejo
**Elemento:** agua
**Planeta dominante:** Luna

Los nacidos bajo el signo de Cáncer son almas atentas, inmensamente protectoras con sus amigos y seres queridos. Tal y como el animal que los representa, el cangrejo, ocultan su sensibilidad bajo un caparazón muy duro. Como son testarudos y resueltos, puede ser difícil convencerlos de que renuncien a algo que se han propuesto. También pueden ser algo polémicos, pero en su lado más íntimo les fluye una vena de profunda bondad.

## Leo (23 de julio – 23 de agosto)

**Símbolo:** león
**Elemento:** fuego
**Planeta dominante:** Sol

Los nacidos bajo el signo de Leo siempre están buscando atención, aunque saben llenar de energía a los que los rodean. Para ellos no existe nada mejor que tener un público que los adore y que esté orgulloso de su propia exuberancia. Destacan por su creatividad y su organización y a menudo consiguen transmitir esta segunda característica a quienes llevan una vida más bien caótica, incluso cuando nadie se lo pide. Suelen adoptar el rol dominante en sus relaciones, pero siempre traen consigo generosidad, calor y bondad.

## Virgo (24 de agosto – 22 de septiembre)

**Símbolo:** mujer joven
**Elemento:** tierra
**Planeta dominante:** Mercurio

Los Virgo siempre están en movimiento, se esfuerzan más que los demás signos y suelen buscar la perfección. Son personas prácticas, organizadas y cuidadosas y siempre están dispuestas a brindar ayuda y consejos para ayudar a los demás. Aunque en las relaciones son amables y pacientes, los nacidos bajo el signo de Virgo pueden necesitar validación para ganar confianza en sí mismos y conseguir tener una actitud más relajada.

## Libra (23 de septiembre – 23 de octubre)

**Símbolo:** balanza
**Elemento:** aire
**Planeta dominante:** Venus

Los nacidos bajo el signo de Libra utilizan sus habilidades diplomáticas para conseguir paz y armonía en todas las áreas de sus vidas. Cuando tienen que tomar una decisión, reflexionan durante mucho tiempo y a menudo buscan que los demás los aconsejen para orientarse mejor. Estas personas encantadoras tienden a evitar situaciones estresantes y buscar la felicidad en el equilibrio. En las relaciones son románticos y generosos, por lo que tienen expectativas muy altas en el amor.

## Escorpio (24 de octubre – 22 de noviembre)

**Símbolo:** escorpión
**Elemento:** agua
**Planeta dominante:** Plutón

Escorpio es uno de los signos más emocionales del zodiaco y uno de sus rasgos más característicos son los celos que los nacidos bajo este signo deben esforzarse por contener. Sin embargo, combinada con una gran fuerza de voluntad, esta emoción puede llevarlos a conseguir cualquier objetivo que se propongan. Los nacidos bajo el signo de Escorpio gozan de una energía inagotable y a menudo consiguen grandes logros. Además, su profunda capacidad de pensamiento analítico los empuja a encontrar la raíz de sus problemas. En las relaciones, cuando se fijan en alguien, hacen lo posible por obtener lo que quieren y son sumamente fieles.

### Sagitario (23 de noviembre – 21 de diciembre)

**Símbolo:** arquero
**Elemento:** fuego
**Planeta dominante:** Júpiter

Los nacidos bajo el signo de Sagitario adoran ir en busca de emociones, siempre están preparados para los desafíos y para la aventura. Su entusiasmo y optimismo pueden ser contagiosos, por lo que suelen ser muy queridos por los demás, que aprecian su compañía y sus ganas de vivir. En las relaciones detestan sentirse limitados. Su mente inquieta y su espíritu independiente los llevan a aburrirse con facilidad y suelen necesitar que sus relaciones se mantengan frescas e interesantes.

### Capricornio (22 de diciembre – 20 de enero)

**Símbolo:** cabra
**Elemento:** tierra
**Planeta dominante:** Saturno

Los nacidos bajo el signo de Capricornio son realistas y afrontan las situaciones de manera lógica. Les gustan la calma y la constancia y se van moviendo tranquilamente hacia sus objetivos con serenidad y sin prisa. Poseen un sentido del humor único y, en sus relaciones amorosas, son personas leales y cariñosas.

## Acuario (21 de enero – 18 de febrero)

**Símbolo:** portador de agua
**Elemento:** aire
**Planeta dominante:** Urano

Los nacidos bajo el signo de Acuario a menudo son personas excéntricas y poseen un estilo único. Son muy amigables y, a veces, incluso puede parecer que están demasiado disponibles. Cuando conocen gente nueva, sienten una auténtica curiosidad por saber sobre ellos, lo que los lleva a hacer una avalancha de preguntas sobre sus vidas mientras ocultan las propias tras un halo de misterio. Son independientes y necesitan su propio espacio, por lo que puede resultarles difícil mantener relaciones duraderas.

## Piscis (19 de febrero – 20 de marzo)

**Símbolo:** dos peces
**Elemento:** agua
**Planeta dominante:** Neptuno

Los nacidos bajo el signo de Piscis son personas amables y dispuestas a hacer lo que sea por parecer amigables y generosas con los demás. Este bondadoso signo es el abanderado de la compasión y la comprensión y los Piscis no temen mostrar sus sentimientos, abrirse y compartir sus emociones con quienes realmente les importan. En las relaciones pueden ser excesivamente afectuosos y siempre están listos para expresar sus sentimientos.

# Los elementos

Los doce signos solares están divididos en cuatro grupos, cada uno de ellos representado por un elemento. Los tradicionalistas creen que estos elementos esenciales constituyen la materia de la que está hecha el universo. Fuego, aire, agua y tierra se consideran los cuatro principios de la vida y corresponden a su vez a los cuatro principios de la psique. Conociendo el elemento de nuestro signo podremos adentrarnos aún más a fondo en las características que lo definen.

### Fuego
### Aries, Leo y Sagitario

Los signos de fuego son inteligentes, vivaces, artísticos y apasionados. Confían enormemente en su sentido de la independencia y no evitan expresar su opinión. Siempre llenos de optimismo, los signos de fuego son muy trabajadores y no temen la presión que pueda suponer tener un puesto de poder.

### Tierra
### Tauro, Virgo y Capricornio

Los signos de tierra prestan mucha atención a los detalles. Son personas prácticas y con los pies en la tierra, aunque también saben mirar hacia el futuro y empezar a construirlo con antelación. Los nacidos bajo los signos de tierra son personas sencillas y a menudo se los llama los «jardineros del zodiaco», en parte por el cuidado y la atención que dedican a su familia y amigos.

## Aire
### Géminis, Libra y Acuario

Los nacidos bajo los signos de aire son criaturas sociales, saben leer el ambiente de cualquier situación y entablar conversaciones interesantes. Son ingeniosos y divertidos y, al mismo tiempo, saben escuchar cuando alguien necesita de un oído amigo.

## Agua
### Cáncer, Escorpio y Piscis

Los signos de agua están en sintonía con sus emociones y son empáticos y considerados con los demás. Siempre están dispuestos a ofrecer su ayuda y a dar la cara cuando es necesario. Cuentan con gran imaginación y también pueden ser tranquilos y reflexivos.

### El quinto elemento

Algunas fuentes occidentales creen en la existencia de un quinto elemento, conocido en latín como *quinta essentia*, es decir, quintaesencia, espíritu o «éter». A menudo se ignora este elemento, porque describe el alma o el ser espiritual del individuo y está separado del resto. A pesar de que algunas aplicaciones astrológicas tienen en cuenta el quinto elemento cuando analizan los signos, no aparece representado en el horóscopo.

# Las distintas tradiciones astrológicas

A lo largo de los siglos, muchas culturas de todo el mundo han desarrollado su propia tradición y sistema astrológico. Es fascinante ver cómo surgieron y cómo difieren con el resto.

### Occidental

En Occidente, el sistema astrológico más comúnmente utilizado es el que ha derivado de la antigua tradición astrológica basada en los doce signos del zodiaco. Este sistema abarca la cultura popular en la forma más común de los horóscopos de los signos solares, que se centran en el comportamiento y las motivaciones humanas, y se guía por las doce constelaciones asociadas a los doce signos.

### Maya

La astrología maya se basa en un antiguo y complejo almanaque conocido por el nombre de Tzolkin, que consta de veinte signos diarios y trece números galácticos. El calendario se compone de doscientos sesenta días y suele utilizarse para sugerir acontecimientos futuros e identificar distintas características de las personas. En lugar de los elementos, el sistema astrológico maya utiliza las direcciones –Norte, Este, Sur y Oeste–, atribuyendo a cada una diversos significados y asignando a cada signo diario una dirección.

## Védica

La astrología védica o *jyotisha* proviene de las antiguas tradiciones indias y es una de las formas de astrología más remotas practicadas en Oriente. Aunque los zodiacos védico y occidental sigan más o menos los doce signos, tienen fechas diferentes; por ejemplo, Aries va del 13 de abril al 14 de mayo y Tauro del 15 de mayo al 14 de junio (en vez de ser del 21 de marzo al 20 de abril para Aries y del 21 de abril al 21 de mayo para Tauro). Esto se debe a que la astrología védica se basa en las posiciones fijas y observables de las constelaciones, mientras que la astrología occidental pone el foco en el movimiento de la Tierra sobre su eje durante miles de años y se basa en la posición variante del Sol.

## China

Este sistema se basa en los ciclos lunares y en el poder de los cinco elementos: madera, fuego, tierra, metal y agua. A partir de la antigua filosofía china y el concepto del yin y el yang, cada año está asociado a un animal y a un elemento.

# Las distintas técnicas astrológicas

Existen numerosas prácticas astrológicas diferentes, pero las que se exponen a continuación son algunas de las más utilizadas en todo el mundo.

## La astrología moderna

También conocida como *astrología psicológica*, es el tipo de astrología más popular en Occidente y la técnica que se expone en este libro. Se trata de una práctica con muchas capas de profundidad, pero en términos simples la astrología moderna estudia la posición de los planetas según tu carta natal —es decir, la «fotografía» de los planetas y de las estrellas el día de tu nacimiento— y utiliza esta información para entender tus comportamientos, personalidad y rasgos de carácter. Alan Leo fue un astrólogo británico muy aclamado que reavivó la práctica de la astrología entre finales del siglo XIX e inicios del XX tras su declive a finales del siglo XVII. Generalmente se considera a Leo, que empleaba su signo como pseudónimo, el «padre de la astrología moderna» por la manera en que contribuyó a desviar la atención de la predicción del futuro para centrarla en la exploración de los comportamientos y de la personalidad desde un punto de vista psicológico.

## La astrología horaria

La técnica de la astrología horaria se basa en antiguas tradiciones helenísticas y tiene por objetivo responder a una pregunta creando un horóscopo para el momento en el que se hace. El astrólogo solo proporciona una respuesta simple, es decir, o un «sí» o un «no».

## La astrología mundial

La astrología mundial estudia el efecto que tienen los planetas sobre grupos de personas, lugares o países. Esta rama de la astrología se centra en acontecimientos significativos de la historia para tratar de comprenderlos delineando la carta natal para cada momento histórico. De esa manera, es posible configurar un horóscopo para explicar cómo podrían afrontar o reaccionar las personas a situaciones determinadas.

## La astrología electiva

La astrología electiva estudia el momento óptimo para hacer que suceda un acontecimiento basándose en la posición de los planetas. Un astrólogo podría, por ejemplo, aconsejarte que te cases en el momento en que Venus, el planeta del amor y de la armonía, esté alineado con la posición del planeta de tu carta natal.

## La astrología de las relaciones

Esta rama de la astrología valora el grado de compatibilidad de dos personas en el amor. El astrólogo estudia las cartas astrales de cada persona para ver cuánto congeniarían. Existen dos métodos. El primero es la *sinastría*, que compara ambas cartas natales al mismo tiempo, mientras que el segundo, el *método compuesto*, mide los puntos medios de los planetas de las cartas natales de ambas personas para configurar una nueva carta para la pareja, que después se interpreta desde cero.

## La astrología tradicional

Hasta el siglo XX y la introducción de la astrología moderna, la mayor parte de las ramas de la práctica venían considerándose «tradicionales». Esta forma se basa en las previsiones y utiliza solo los siete «planetas» visibles a simple vista, es decir, el Sol, la Luna, Mercurio, Venus, Marte, Júpiter y Saturno.

## La astrología locativa

La astrología locativa examina la carta natal para determinar el lugar en que el sujeto debería vivir o pasar tiempo. Según la posición de ciertos planetas con respecto a los del sujeto, es posible obtener consejo sobre dónde debería vivir o pasar unas vacaciones. Si, por ejemplo, quisieras saber el destino ideal para realizar un viaje, un astrólogo podría ver la posición de Venus (que representa el placer) y de Júpiter (que representa los viajes a larga distancia) para deducir cuál sería el lugar ideal. Esta técnica también se conoce como *astrocartografía*.

## La astrología médica

La astrología médica concierne a la salud de una persona, por lo que el astrólogo utiliza la carta natal de un individuo para descubrir la causa de determinadas enfermedades. Los problemas de salud, los tratamientos o el área o áreas del cuerpo en que se manifiesta malestar corresponden a posiciones específicas de los planetas.

### ¿Ciencia ficción?

En la actualidad, la astrología moderna está más extendida que nunca y las nuevas generaciones aplican cada vez más sus prácticas para intentar comprender mejor sus vidas. Y la tienen muy en cuenta: un sondeo realizado por la National Science Foundation en los últimos años ha revelado que más de la mitad de los *millennial* considera que la astrología es una ciencia.

# ¿Cómo puede ayudarte la astrología?

La astrología no sirve para predecir el futuro ni para describir tu personalidad de maneras muy concretas; lo que sí puede hacer es mostrarte el poder de algunos de tus rasgos y de determinados acontecimientos que podrían producirse. La astrología puede ayudarte a descubrir tus capacidades en calidad de ser humano y cómo sacarles el máximo provecho a los momentos más desafiantes o llenos de oportunidades. La astrología no niega el libre albedrío, ya que no estamos controlados por los planetas; en cambio, los planetas crean determinadas atmósferas y condiciones que puedes aprender a utilizar a tu favor.

Cuando logres entender por qué te comportas de determinada manera y aprendas a reconocer tus miedos y deseos, te sentirás más a gusto contigo mismo y con tu mundo. Un mejor autoconocimiento te hará tener una mayor consciencia de tus acciones y sus motivaciones.

**LA ASTROLOGÍA
ES UN LENGUAJE.
SI LO APRENDES,
EL CIELO TE HABLARÁ.**

DANE RUDHYAR

# Segunda parte
# Te presento a Sagitario

Sagitario, el noveno signo del zodiaco, posee ambición a raudales y afronta la vida con un entusiasmo inigualable y un gran sentido de la aventura. Con esa energía positiva contagiosa y tu agenda siempre llena de oportunidades para socializar con los demás, detestas estar quieto sin hacer nada antes de volver a ir en busca de las grandes verdades de la vida. Tienes mucho que ofrecer a tus amigos y familiares, pero ten cuidado de no malgastar demasiada energía y recuerda dedicar parte de tu tiempo a las personas que realmente te importan.

En las siguientes páginas abordaremos las cosas que más te motivan en todos los ámbitos de tu vida, desde la carrera profesional y la economía, el amor y las relaciones con amigos y familiares hasta la salud y el bienestar. También veremos con qué signos eres compatible, descubriremos qué significados esconden para ti los planetas y aprenderemos qué cosas pueden ser un obstáculo para ti y cuáles son, en cambio, tus puntos fuertes.

# Ficha de Sagitario

**Fecha:** 23 de noviembre – 21 de diciembre

**Representación:** arquero

**Símbolo:** ↗

**Rasgos de carácter:** aventurero, de mentalidad abierta y optimista

**Parte del cuerpo:** muslos

**Elemento:** fuego

**Planeta dominante:** Júpiter

**Color:** violeta

**Piedra natal:** topacio (noviembre) turquesa (diciembre)

**Cristales asociados:** lepidolita, shungita cuarzo ahumado

**Chakra:** sacro

# Curiosidades

- Sagitario es el noveno signo del zodiaco; va seguido de Escorpio y precedido de Capricornio. Es el tercer signo de fuego, después de Aries y Leo.

- La palabra *sagittarius* significa 'arquero' en latín y el símbolo de su constelación representa a un centauro armado con un arco y flechas.

- Mientras que los griegos identificaban a Sagitario con un centauro mitad caballo, mitad humano, los babilonios lo asociaban con el dios Pabilsag, el «búfalo de muslos manchados», que tenía alas y dos cabezas, una humana y otra de pantera.

- La constelación de Sagitario es la más grande del hemisferio austral y se encuentra en medio de la Vía Láctea, en su zona más densa.

- Las estrellas más luminosas de la constelación son Epsilon, Sigma, Zeta, Delta, Lambda, Gamma, Phi y Tau Sagittarii. Están dispuestas formando un patrón al que a veces se apoda como «la tetera» o «el cucharón de leche», donde Delta, Epsilon y Lambda representan el arco del arquero.

- Esta constelación alberga una de las estrellas más brillantes de la Vía Láctea: la estrella Pistola, una hipergigante azul raramente visible a simple vista debido al polvo interestelar que la rodea.

# Historia de Sagitario

Sagitario está asociado a dos personajes distintos de la mitología griega: el centauro Quirón y el sátiro Croto.

Quirón era el centauro más anciano y sabio de todos, hijo inmortal de Cronos y hermanastro de Zeus. Era un gran maestro, famoso por haber sido el mentor de algunos de los héroes más importantes de la mitología griega, como Aquiles y Jasón. La leyenda cuenta que su amigo Hércules lo hirió accidentalmente mientras estaban de caza. La flecha con la que lo hizo estaba impregnada del veneno de la Hidra de Lerna, a la que había derrotado, lo que causó a Quirón un dolor tal que tuvo que renunciar a su inmortalidad para librarse de él. En su honor y memoria, su hermanastro Zeus lo situó entre las estrellas, creando la constelación de Sagitario.

Croto era el hijo del dios cabra Pan y de la ninfa Eufeme, nodriza de las musas. Por ese motivo, prefería la compañía de las musas, a diferencia de sus compañeros, los sátiros, que pasaban el tiempo con Dionisio, el dios del vino y la fertilidad. Croto se convirtió en un hábil cazador y, gracias a la influencia de las musas, desarrolló una gran pasión por las artes. Según el mito, inventó el arco de caza con el que se asocia a Sagitario. Cuando murió, las musas estaban tan desconsoladas que rogaron a Zeus que lo pusiera cerca de las estrellas.

# ¿Qué dicen los planetas sobre Sagitario?

Uno de los aspectos más interesantes de la astrología es poder saber lo que nos dicen los planetas cuando pasan por tu signo solar en el zodiaco. Puedes encontrar previsiones sobre los tránsitos planetarios en varias páginas web, como esta: astrosage.com/transits (en inglés). Nota: como son planetas exteriores, Urano, Neptuno y Plutón se mueven mucho más lento ¡y tardan cientos de años en pasar por los doce signos del zodiaco! Por eso, los datos que te pueden dar son mucho más vagos y menos personales que los de otros planetas.

**El Sol:** Objetivo. Tu crecimiento personal surge a partir de los viajes, que suponen aprendizajes y experiencias de vida, porque aprendes a través de las culturas y las tradiciones de los demás.

**La Luna:** Instinto. La libertad de movimiento es muy importante para ti y los viajes son lo primero en tu agenda. Te gusta saber que puedes irte en cualquier momento.

**Mercurio:** Comunicación. La gente admira tu mentalidad abierta y tus amigos te ven como una fuente de conocimientos sobre el mundo.

**Venus:** Amor. Consideras importante que tu pareja tenga el mismo deseo que tú por las aventuras y los viajes. Quieres tener a tu lado a alguien con quien compartir estas experiencias.

**Marte:** Acción. Te sientes inquieto si no tienes nada planificado, por lo que te gusta llenar tu calendario de planes y viajes variados e interesantes.

**Júpiter:** Oportunidad. Te domina el deseo de estar en constante movimiento, así que sabes aprovechar las oportunidades diciendo que sí a cada oportunidad que se te presenta.

**Saturno:** Autoridad. Te entusiasma aprender todo lo que puedas sobre los temas que te interesan y, si sirve para fortalecer tu carácter, mucho mejor.

**Urano:** Cambio. Urano representa los cambios improvisados, la innovación y el progreso de la ciencia y de la tecnología.

**Neptuno:** Imaginación. Neptuno refleja intuición, estilo y belleza. Nos impulsa a hacernos preguntas importantes cuando nos encontramos en busca de nuevos caminos de vida.

**Plutón:** Poder. Plutón nos enseña a considerar una visión más general, sin preocuparnos por las cosas pequeñas. Debido a la exagerada lentitud con la que orbita, puede llevarle de doce a treinta años atravesar un signo y tardar hasta doscientos cuarenta y ocho años en recorrer todo el zodiaco. Por eso, Plutón suele aparecer en las cartas natales de generaciones enteras, motivo por el que se lo conoce como «el planeta generacional».

## (2060) Quirón

Algunas ramas de la astrología también tienen en cuenta el movimiento de (2060) Quirón, un planeta menor del sistema solar exterior cuya órbita se encuentra entre Saturno y Urano. Este planeta, descubierto en 1977, nos habla de la autoestima, una cualidad que promueve la sanación de heridas mientras buscas tu propia independencia dentro de la situación que te esté tocando vivir.

# Características y rasgos
# de personalidad de Sagitario

Sagitario es un torbellino de energía positiva, entusiasmo por la vida e intuiciones profundas y racionales. Eres uno de los signos del zodiaco que más adora divertirse, buscas aventura en cada rincón y tienes una auténtica pasión viajera que te lleva a explorar los lugares más remotos del planeta con cualquiera que esté dispuesto a seguirte. Dondequiera que vayas encuentras un hogar, pero tienes una naturaleza inquieta: ¡no se puede parar a un Sagitario!

Eres una criatura sociable y cordial y tienes la capacidad de llegar a los demás con tus palabras. Tu naturaleza inteligente y vivaz brilla en situaciones sociales y sueles atraer a montones de amigos y conocidos gracias a tu encanto. Eres abierto y sincero y la gente te considera una persona digna de confianza, así que se fía de ti con facilidad. A menudo acuden a ti en busca de consejo y, como sabes hablar de forma directa, logras llegar enseguida al meollo del asunto. Eres abierto de mente y práctico a la hora de resolver problemas, por lo que, cuando un amigo te necesita, haces todo lo posible por ayudarle.

# Puntos fuertes y retos
# de Sagitario

### Puntos fuertes

Eres una fuente de inspiración para los demás. Muchas veces les gustaría tomar ejemplo de ti por tu entusiasmo y tu gran ambición. Sabes enseñar y dar consejos con paciencia, siempre dispuesto a ayudar a las personas que lo necesitan y a compartir tu experiencia del mundo con ellos. Tu sinceridad es inquebrantable. La gente sabe que si pide tu opinión recibirá a cambio la verdad. Dices las cosas tal y como son y por eso te ganas el respeto de todos.

### Retos

La perseverancia con la que persigues la verdad es admirable, pero también despierta tu vena pendenciera, que puede llevarte a chocar con los demás. Estás tan absorto en tus argumentos que te cuesta ver las cosas desde otro punto de vista. En virtud de tu sabiduría, tienes opiniones fuertes y no dudas en hacer saber a la gente cuáles son. Aunque tu sinceridad total te hace ganar el respeto de los demás, cuando alguien pregunta por tu opinión, puedes llegar a ser brutalmente directo. Un reto para ti es aprender a expresar tu parecer con delicadeza.

# Intereses, preferencias
# y manías de Sagitario

## Intereses

Viajar al extranjero es tu pasatiempo favorito y la actividad en la que gastas todo tu dinero. Te encanta experimentar la emoción de estar en un sitio que no hayas visitado antes.

Te encanta estar al aire libre y es fácil encontrarte de acampada o quizás incluso en una tienda de campaña en plena naturaleza. Nada te da más felicidad que encender hogueras, nadar, hacer senderismo y sumergirte en los sonidos y olores del mundo natural.

Los deportes de aventura son tu pasión y te gusta probarlo todo al menos una vez en la vida: surf, kayak, *paddle surf*, *snowboard*, esquí, ala delta, montar en *quad* y mucho más.

## Preferencias

Adoras los retos y te gusta mantenerte siempre ocupado en algo, ya sea adquiriendo una nueva habilidad o entrenándote para hacer una carrera de diez kilómetros. Cuando sientes que dominas una actividad, pasas a la siguiente.

Eres una criatura social y aprecias mucho la compañía de los demás. Cuando estás en un grupo, eres quien guía la conversación, entreteniendo a los presentes con tus conocimientos y las anécdotas de tus aventuras.

Aprendes con entusiasmo y rapidez y te sientes a gusto adquiriendo nuevos conocimientos. En particular, disfrutas aprendiendo nuevos idiomas para utilizarlos en tus viajes.

## Manías

Detestas estar parado durante mucho tiempo, ya que siempre estás dispuesto a emprender una nueva aventura. Priorizas tener la agenda llena para evitar aburrirte y hacer que tu vida sea interesante.

Prefieres estar fuera antes que apoltronado en el sofá de tu casa. No eres nada vago y te encanta pasar el menor tiempo posible en tu casa y más tiempo divirtiéndote fuera.

# Estilo de comunicación
# de Sagitario

Como Sagitario, afrontas las situaciones con gran entusiasmo. Tu energía positiva y tu pasión por la vida son contagiosas y haces que los demás también sientan el efecto beneficioso de tu visión optimista de las cosas.

Eres directo y sincero hasta la saciedad. No ves ningún motivo por el que evitar los problemas y crees firmemente que todo el mundo merece saber la verdad. La gente respeta tu transparencia y tu disposición al diálogo en casi todos los casos.

En cuanto a la vida social, te encantan las fiestas y entretienes a los presentes haciéndolos estar pendientes de cada una de tus palabras con las anécdotas que cuentas. Has viajado mucho y conoces mundo, por lo que eres un hábil narrador y contribuyes a que surjan conversaciones con temas amenos y variados, logrando encontrar siempre algo interesante y en común con los demás de lo que hablar.

Tu sabiduría, inteligencia y paciencia te hacen un maestro generoso, deseoso de compartir sus conocimientos y habilidades con los demás y feliz de entregar su tiempo para ello.

# Compatibilidad de Sagitario con otros signos

Recuerda que estas observaciones son orientativas y tienen sus excepciones: el zodiaco sigue sus propios caminos misteriosos, por lo que, aunque tu signo pueda ser aparentemente incompatible con el de un ser querido, no significa que debas terminar con esa amistad o que no pueda ir a más. Como siempre, el zodiaco no es más que una guía.

**Aries:** Estos dos signos tienen la energía suficiente para seguirse uno a otro y se inspiran mutuamente.

**Tauro:** La tranquilidad con la que Tauro afronta la vida puede irritar a Sagitario.

**Géminis:** Géminis y Sagitario se comunican bien y son increíblemente sociables.

**Cáncer:** Cáncer y Sagitario se lo pasan bien juntos, pero el gusto de Cáncer por pasar las tardes en casa no va mucho con Sagitario.

**Leo:** Leo y Sagitario tienen mucho en común: ambos son leales, tienen un gran corazón y comparten un fuerte espíritu aventurero.

**Virgo:** Virgo y Sagitario son excelentes comunicadores y cada día se inspiran el uno al otro para conseguir sus sueños.

**Libra:** Estos dos signos se admiran mucho. Ambos tienen las agendas repletas de cosas que hacer y cada uno deberá integrarse en la vida del otro.

**Escorpio:** Sagitario admira a Escorpio y Escorpio quiere abrirse a él, pero Sagitario deberá tener mucha paciencia antes de que eso surja.

**Sagitario:** Dos Sagitarios juntos son la definición de doble diversión y aventura, ¡nada más fácil!

**Capricornio:** Estos dos signos se comunican bien y saben mantenerse el uno al otro con los pies en la tierra y ser realistas ante los acontecimientos de la vida.

**Acuario:** Acuario y Sagitario pueden llegar a ser mejores amigos y enfrentarse juntos al mundo con un enorme deseo de divertirse.

**Piscis:** Estos dos signos pueden aprender grandes lecciones de vida juntos y, si combinan sus personalidades, lograr cualquier meta.

# Relaciones, amistades
# y familia para Sagitario

Como buen Sagitario, es probable que tengas una amplia y variada red de amigos y conocidos. Puedes encontrar algo en común con todo el mundo y tu entusiasmo natural puede atrapar a la gente en conversaciones intensas en las que se crean vínculos y los planes toman forma. Te llueven las invitaciones: todo el mundo te quiere en sus fiestas, porque aportas energía y alegría.

Eres leal con tus seres queridos y harías cualquier cosa para hacerlos felices. A veces tienen que recordarte educadamente que les hagas un hueco en tu apretada agenda, pero comprenden el entusiasmo que tienes hacia la vida y tu deseo de estar siempre ocupado haciendo algo. Estás muy unido a tu familia y pasas tiempo con ella siempre que puedas. Sueles ser quien organiza reuniones y cenas y a quien suelen llamar cuando alguien necesita ayuda. La gente te considera una persona fiable y a menudo eres el pegamento que une a toda la familia.

En calidad de padre o madre, eres muy animado y divertido con tus hijos, a los que apoyas con todo tu ser y en todo momento. Los niños responden a tu presencia con entusiasmo y alegría y tú, a cambio, obtienes la gran satisfacción de pasar tiempo con ellos.

# El amor y el sexo
# en Sagitario

Los nacidos bajo el signo de Sagitario necesitan una pareja que sea tan ambiciosa como ellos. Llevas mal la apatía y no entiendes por qué la gente no hace todo lo posible por desarrollar su máximo potencial. Siempre estás más que dispuesto a prestar tu ayuda si tu pareja la necesita para florecer, pero la falta de ambición en la otra persona puede estropear tu entusiasmo hacia tu pareja.

Detestas sentirte atado, pero estás dispuesto a comprometerte cuando llega la persona adecuada. Para ti, es muy importante la independencia y tu pareja deberá darte tu espacio si quiere que la relación tenga futuro.

Tu pareja perfecta es alguien a quien le guste la aventura tanto como a ti y tenga una vida social animada y ambición a raudales. Cuando estáis juntos, podéis hablar durante horas y horas, pero vuestras vidas ajetreadas hacen que el interés de uno hacia el otro se mantenga vivo mientras cada uno se ocupa de sus asuntos.

Como pareja, te encanta tener grandes detalles románticos, dedicas mucha atención a la otra persona y sabes expresar con franqueza lo que sientes respecto a cada aspecto de la relación.

**SIN LA ASTROLOGÍA,
SE PODRÍA DECIR
QUE EL HOMBRE CAMINA
EN EL CREPÚSCULO DE
LA IGNORANCIA.**

Luke Dennis Broughton

# El trabajo y el éxito
# en Sagitario

La ambición desbordante de Sagitario lo hace aspirar siempre a lo más alto y, cuando llega a su objetivo, en lugar de detenerse, se fija otro objetivo y sigue adelante. Los retos te estimulan y siempre estás corriendo hacia el siguiente obstáculo que superar.

También eres independiente, por lo que en el trabajo prefieres tener autonomía y, tanto si trabajas por cuenta propia como si diriges un equipo, siempre te gusta estar al mando. Tu ingenio podría llevarte incluso a dirigir tu propio negocio, en el que tomas todas las decisiones.

Sabes utilizar con destreza diversas herramientas y disfrutas practicando actividades manuales que despiertan tu interés. Siempre estás dispuesto a aprender para añadir nuevas habilidades a tu arsenal. Te gusta estar al día de las tendencias actuales y tienes valor suficiente para atreverte a asumir grandes riesgos para intentar alcanzar el máximo éxito posible.

Es necesario que de vez en cuando te des un respiro y des un paso atrás para evaluar la situación. El crecimiento de tu carrera es muy importante para ti, pero asegúrate de que las demás áreas de tu vida no sufran a causa de tus éxitos laborales.

# El dinero y la riqueza
# en Sagitario

Es probable que tu gran ambición laboral te lleve a cierto éxito financiero. No obstante, puede resultarte difícil ahorrar el dinero que tanto te ha costado ganar. A la hora de invertir, siempre tienes las mejores intenciones, pero el corazón termina ganándole a tu cabeza cuando la aventura te llama y, para satisfacer tu sed de viajes, puede que se te ocurra gastarte todo lo que tienes en dar la vuelta al mundo.

Las grandes aventuras lo son todo para ti, pero deberías pensar en ahorrar un poco de dinero todos los meses para hacer esos planes; quizá incluso en una cuenta bancaria aparte, dedicada al cien por cien a los gastos en ocio.

Cuando debes tomar alguna decisión importante en la vida que implica dinero, tiendes a sacar conclusiones precipitadas y a veces pierdes algo de dinero en el proceso. Intenta considerar las grandes compras con más calma y tómate tiempo para investigar un poco y no aceptar la primera oferta.

# Salud y bienestar
# en Sagitario

Tu vida frenética y tu impulso constante de moverte pueden llevar a sobrecargarte físicamente y muchas veces no te das las pausas necesarias para recuperarte. Es importante desconectar y cuidar de ti mismo de vez en cuando, incluso cuando creas que no lo necesitas.

Incluir algunas clases de yoga en tu día a día puede hacer maravillas en tu mente y en tu cuerpo, activándolos y dándote tiempo y espacio para respirar. Si consigues organizarte, entre cinco y diez minutos al día de meditación guiada te vendrán genial. Recuerda controlar un poco ese cerebro tan trabajador para no llegar al agotamiento.

Además, realizar ejercicio de manera regular al aire libre también puede ser un buen remedio para ti, que te encanta la naturaleza. Abraza todas las actividades que le hacen bien a tu alma: sal a la naturaleza y date una vuelta por el campo o la montaña.

También puedes probar a darte «baños de bosque», una forma de terapia natural que se originó en Japón y que consiste en caminar o estar en la naturaleza para establecer una conexión consciente con el entorno. Esta práctica garantiza numerosos beneficios para nuestra salud física y mental.

Otra manera de sacarle provecho a la naturaleza es nadar en aguas abiertas o frías. Ya son muchos los apasionados a los baños en ambientes naturales que afirman sentirse recargados de energía para todo el día después de un baño en un entorno natural y desde siempre se piensa que las inmersiones en agua fría son excelentes para nuestro físico. Si quieres profundizar un poco más, puedes buscar información sobre el método Wim Hof.

# Tercera parte

# Tu horóscopo y tú

Ahora ya puedes empezar a poner en práctica los nuevos conocimientos que tienes sobre ti mismo: es el momento de crear tu carta natal. A lo largo de las siguientes páginas aprenderás a configurarla y, sobre todo, a interpretarla. A primera vista puede parecer algo complejo, pero no te preocupes, porque este capítulo contiene toda la información e indicaciones necesarias para saber cómo hacerlo. Te va a guiar paso a paso. Desde tu ascendente hasta tu signo lunar, pasando por significados ocultos de los planetas y las casas, estás a punto de descubrir los misterios del cielo estrellado.

# La astrología para la adivinación y como guía

Configurando tu carta natal para descubrir las posiciones de los planetas y de los signos del zodiaco y en qué casas astrológicas se encontraban en el momento de tu nacimiento, puedes llegar a obtener un profundo conocimiento sobre ti mismo. Gracias a esta visión general, vas a poder comprender aún más a fondo tus motivaciones y las razones detrás de tus comportamientos. También vas a poder visualizar un cuadro más claro de la persona que podrías llegar a ser en el futuro, qué cosas te esperan y cómo podrías sacarle el máximo partido.

Tanto si te sientes incomprendido como si necesitas un poco más de claridad, la bóveda celeste sabrá servirte de apoyo. Si tienes decisiones importantes que tomar en el horizonte, puedes recurrir a la astrología para encontrar respuestas y tranquilidad. Aunque no pueda darte soluciones concretas, la astrología siempre podrá proporcionarte elementos sobre los que reflexionar y con los que relacionarte.

Las casas abarcan numerosos aspectos de tu vida y los planetas y signos del zodiaco se basan en tu personalidad: ¡el cielo y las estrellas te proporcionarán un auténtico enfoque integral!

En las siguientes páginas aprenderás a configurar tu carta natal (gracias a internet y a la tecnología, es mucho más sencillo que en el pasado) y a comprender el significado de los segmentos y de los símbolos, verás cómo se calculan el ascendente y el signo lunar y profundizarás en el conocimiento de los planetas y las casas, en su influencia en tu vida y en cómo interpretar sus significados.

# Qué hacer y qué no hacer

## Qué hacer

- Recuerda que la astrología es solo una guía.

- Piensa bien antes de tomar decisiones importantes.

- Dirígete a un astrólogo experto si tu lectura te preocupa o si necesitas alguna aclaración.

## Qué no hacer

- No te tomes las cosas demasiado al pie de la letra: lo que vas a obtener no son más que interpretaciones útiles para que puedas encontrar un significado respecto a tu vida.

- No tengas prisa: sigue tu ritmo y todo se irá viendo cada vez con mayor claridad.

- No te obsesiones con los resultados que obtengas: mañana será otro día y las cosas podrían cambiar.

**UN NIÑO NACE
EL DÍA Y A LA HORA
EN QUE LOS RAYOS
CELESTES ESTÁN
EN ARMONÍA MATEMÁTICA
CON SU KARMA INDIVIDUAL.**

SRI YUKTESWAR

# Cómo configurar
# tu carta natal

Para configurar tu carta natal, simplemente debes saber el día y el lugar de tu nacimiento. No obstante, es necesario conocer la hora exacta.

Si no la sabes, pregúntasela a tus familiares, consulta los registros médicos o busca en tu diario de nacimiento si tus padres hicieron uno, porque es imposible (¡imposible!) configurar una carta natal exacta sin esta información.

A veces también conocida como *carta astral*, tu carta natal es una fotografía de la posición de los planetas y las estrellas que había en el cielo en el momento exacto de tu llegada a la Tierra. Se trata de una disposición única e irrepetible y puede ser una guía muy valiosa para tu viaje hacia una mejor autocomprensión.

En el pasado, configurar una carta natal era un proceso laborioso, pero gracias al poder de internet ahora puedes obtener una en pocos minutos. Puedes visitar la página astro.com (en inglés) y escoger una de las cartas natales gratuitas, de las más simples a las más complejas. Incluso la carta natal más «simple» te parecerá indescifrable en un primer momento, pero después le pillarás el truco.

TimePassages (disponible en inglés) es una aplicación de pago muy fácil de usar con la que podrás configurar tu carta natal y, si deseas profundizar aún más, también podrás leer los horóscopos cotidianos basados en tu información personal y en los tránsitos astrológicos. También puedes utilizarla para comparar tu carta natal con la de un amigo o un compañero.

# Ejemplo
# de carta natal

# Los símbolos

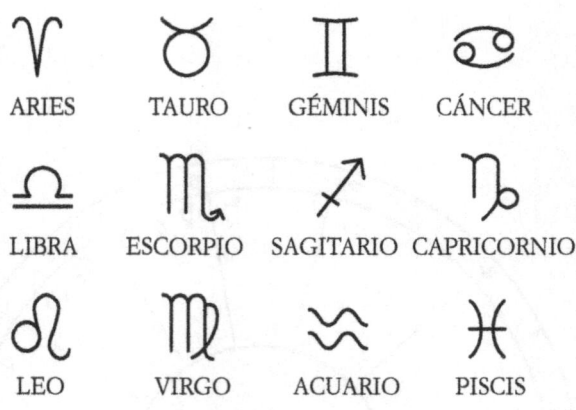

| ARIES | TAURO | GÉMINIS | CÁNCER |
| LIBRA | ESCORPIO | SAGITARIO | CAPRICORNIO |
| LEO | VIRGO | ACUARIO | PISCIS |

# Los planetas

| SOL | VENUS | MARTE | MERCURIO |
| SATURNO | JÚPITER | NEPTUNO | URANO |
| | LUNA | PLUTÓN | |

# Cómo leer tu carta natal

Cuando se estudia una carta natal, se recomienda hacerlo con una mentalidad abierta. Sé flexible, imaginativo y estate dispuesto a afrontar los desafíos que te presenta. Explora el poder que te ofrece la lectura y mantente abierto incluso a los consejos más inesperados.

Ya hemos hablado sobre los signos del zodiaco, así que en las próximas páginas comenzaremos a estudiar los planetas y las casas, que son los elementos más importantes de las cartas natales. Alrededor de la rueda externa encontrarás los doce signos del zodiaco, mientras que los doce segmentos internos superpuestos a ellos son las casas.

La línea que atraviesa el centro de la rueda representa el horizonte, donde «AC» es el ascendente o el Sol levante y «DC» constituye el signo descendente. En la línea vertical, «MC» representa el medio cielo o zénit, mientras que «IC» es el *imum coeli* o fondo del cielo.

Y ahora vamos a descubrir qué significa todo esto. Sigue las instrucciones de las páginas siguientes para descubrir cómo.

## Los planetas

Observa la posición de todos los planetas de tu carta natal. La forma más sencilla de explicar su significado es que los planetas te responden a la pregunta *qué*, mientras que el signo por el que transita cada uno te dice el cómo y el porqué y la casa en la que aparece el planeta representa el área de tu vida para la que es relevante. Al ser el noveno signo del zodiaco, Sagitario rige la novena casa y, por lo tanto, esta casa en particular está asociada con la energía de Sagitario. Si observamos el ejemplo de la carta natal de la página 67, vemos que Mercurio está transitando por Sagitario y la novena casa. Dado que Mercurio representa la comunicación y Sagitario tiene habilidades ilimitadas en la novena casa, que simboliza la filosofía y la aventura, una posible interpretación podría ser la planificación de un nuevo gran viaje al extranjero.

## Vínculos entre planetas

Los vínculos entre dos o más planetas en la carta natal pueden revelar más significados. El hemisferio superior de la carta representa tu vida pública, mientras que el hemisferio inferior se corresponde con tu vida privada. La mitad Oeste representa la libertad, mientras que el lado Este constituye el destino. La presencia de más planetas sobre un lado respecto al otro influirá en tu lectura.

## Nodos lunares

Los nodos lunares están representados por los símbolos ☊ y ☋. Corresponden a los puntos de encuentro entre la Luna y la eclíptica o trayectoria del Sol. Cada carta natal cuenta con un nodo Norte y un nodo Sur, cada uno en un extremo. Dado que el nodo Sur representa tu pasado, quién fuiste, tu comportamiento instintivo y tu zona de confort, a veces no viene indicado en las cartas natales, sino que suele estar reservado a las lecturas astrológicas relativas a momentos sucesivos de la vida. En cambio, el nodo Norte representa lo opuesto al nodo Sur: la dirección que deberías emprender en la vida, tus aspiraciones y los desafíos que podrías tener que afrontar como incentivos para tu crecimiento personal. Los signos zodiacales en los que caen estos dos nodos indican cómo deberían aparecer estas características pasadas y futuras.

Por ejemplo, en la carta natal de la página 67, el nodo Norte cae en Capricornio, lo que sugiere que tu futuro reside en una carrera sólida, por lo que sabrás tomar grandes decisiones con audacia y brillarás en el campo que elijas.

**LA BÓVEDA ESTRELLADA
DEL CIELO ES EN VERDAD
EL LIBRO ABIERTO DE LA
PROYECCIÓN CÓSMICA.**

CARL GUSTAV JUNG

# Cómo descubrir
# tu signo lunar

Tu signo lunar viene indicado por el signo astrológico a través del cual la Luna estuviera transitando en el momento de tu nacimiento. La Luna tarda dos días y medio en atravesar cada uno de los signos, por lo que le lleva alrededor de un mes completar un ciclo pasando por todos los signos del zodiaco.

El signo lunar es importante porque habla de tu naturaleza emotiva: tus miedos, tus deseos, tus obsesiones y todo lo que se encuentra en medio de todo eso. A menudo se lo llama «el alma de tu identidad», la parte de tu subconsciente que permanece oculta y que tal vez no conozcas tan bien. Descubrir tu signo lunar puede ayudarte a hacer uso de estos rasgos para comprenderte mejor.

Algunas personas definen el signo lunar como nuestro «niño interior», nuestro centro emocional más íntimo. Puede tener un gran impacto en tu estado de ánimo y en la manera en que tus emociones salen a la superficie.

Seguramente ya conozcas tu signo solar, pero para tener una visión más amplia sobre ti mismo resulta esencial saber también cuál es tu signo lunar. De no hacerlo, podrías sentirte incompleto.

## Cómo calcular tu signo lunar

En el pasado, si querías saber cuál era tu signo lunar, tenías que buscar tu fecha y hora de nacimiento en una efeméride astrológica, es decir, un gran compendio de tablas que muestran, entre otros valores astronómicos, la posición de la Luna y otros cuerpos celestes según los días, los meses y los años. Sin embargo, puedes leer tu signo lunar en tu carta natal. Por ejemplo, en la carta natal de la página 67, el signo lunar cae en Géminis, lo que puede indicar que tienes un carácter curioso y que eres un gran comunicador con una mente ágil.

En cualquier caso, no es necesario configurar una carta natal para saber cuál es tu signo lunar. Puedes consultar fácilmente en una calculadora en línea. Tendrás que saber la hora exacta de tu nacimiento, dado que solo unos cuantos minutos de diferencia podrían situarte en otro signo distinto.

# Entender tu signo lunar

**Aries:** Tienes un ánimo impaciente que afronta la vida a buen ritmo. Puede resultarte complicado hacer planes para el futuro cuando solo logras concentrarte en lo que está sucediendo en el presente.

**Tauro:** Tómate las cosas lentamente y con prudencia, conservando la calma y prestando atención a los detalles. Físicamente, sientes la necesidad de mantener a las personas cerca de ti.

**Géminis:** Das lo mejor de ti cuando se trata de aprender y asimilar cosas nuevas, tanto a través de la interacción con los demás como leyendo libros.

**Cáncer:** La seguridad es muy importante para ti y tienes un profundo instinto que te impulsa a proteger también a los que te rodean.

**Leo:** Te gusta sentirte elogiado y buscas validación donde vayas. Te desvives por cultivar tus talentos y sabes ayudar a los demás a descubrir los suyos.

**Virgo:** Sabes cuidar de ti mismo y de los demás de manera muy práctica. El bienestar es importante para ti y el autocuidado es una de tus prioridades.

**Libra:** Te encanta estar acompañado y te atraen las personas con las que puedes hacer amistad fácilmente. El bienestar es tu máxima prioridad, sobre todo en términos de calma y paz.

**Escorpio:** Muestras tus emociones como un libro abierto y puede resultarte difícil contenerlas. Intenta hacer ejercicio físico a un ritmo elevado si sientes la necesidad de deshacerte de ciertos sentimientos.

**Sagitario:** Te gusta tener tu espacio y ser libre de hacer las cosas a tu manera. Prefieres viajar solo y gestionar tus emociones sin la ayuda de los demás.

**Capricornio:** Te encanta la rutina: te gusta tener una estructura que te ayude a gestionar el día a día, además de sentir que lo tienes todo bajo control.

**Acuario:** No te gusta seguir a las masas, siempre prefieres explorar caminos alternativos. Para ti, el sentido de pertenencia a una comunidad es importante, porque te gusta rodearte de personas que piensan como tú.

**Piscis:** A veces tus propias emociones y las de los demás te confunden. Por eso, a menudo la solución ideal es que te tomes un poco de tiempo para ti.

# ¿Qué es el ascendente?

Tu ascendente o «Sol levante» es la constelación que estaba surgiendo en el horizonte oriental en el momento de tu nacimiento ¡y es tan importante como tu signo solar! Al igual que ocurre con los signos solares, existen doce signos ascendentes, desde Aries hasta Piscis. Mientras que el signo solar refleja la personalidad, tu ascendente tiene que ver con tus acciones.

Tomando como ejemplo la carta natal de la página 67, con Sagitario como signo solar, podrías tener una personalidad extrovertida, entusiasta y una actitud positiva, pero el ascendente en Tauro podría llevarte a actuar con cierta obstinación (puedes consultar el capítulo **Los signos**, en la página 21, para una visión panorámica de todos los signos del zodiaco y sus características).

Tu ascendente está asociado a la primera casa de tu carta natal (puedes consultar el capítulo **Entender las casas de tu carta natal**, en la página 82, para ver las descripciones de las casas), por lo que está relacionado con nuevos inicios y con tu identidad personal. Mientras que tu signo solar representa un cuadro más amplio, tu ascendente representa la superficie de tu personalidad, algo así como una primera impresión de ti.

# Cómo calcular tu ascendente

Hoy en día, solo necesitas hacer una búsqueda en internet para saber cuál es tu ascendente, pero en el pasado los astrólogos necesitaban papel y bolígrafo para calcularlo.

Tu ascendente depende de la hora a la que hayas nacido y es esencial para una carta natal precisa. El ascendente cambia con frecuencia a lo largo del día, por lo que es necesario que sepas la hora exacta de tu nacimiento. ¿Nunca te ha ocurrido que algún apasionado de la astrología te preguntara con insistencia a qué hora habías nacido? ¡Pues ya sabes por qué era! Los doce signos del zodiaco van sucediéndose a lo largo de las veinticuatro horas del día; por eso cada uno dispone de una franja de dos horas en la que podrías situar tu hora de nacimiento. Si naciste de madrugada, tu signo solar también se corresponderá con el ascendente.

Dos Géminis nacidos con quince minutos de diferencia podrían tener ascendentes distintos, por lo que tanto sus cartas natales como sus personalidades podrían diferir notablemente. Puedes servirte de todos estos datos observando tu carta natal, pero si buscas una respuesta rápida puedes calcular tu ascendente aquí: astrosofa.com/ascendant (en inglés).

# Cómo calcular tu descendente

El descendente es el signo que se estaba ocultando en el horizonte occidental en el momento de tu nacimiento. Se encuentra directamente en el lado opuesto de tu ascendente, en la séptima casa, que representa las relaciones (puedes consultar el capítulo **Entender las casas de tu carta natal**, en la página 82, para ver las descripciones de las casas).

El descendente revela tus deseos, con qué personas congenias y qué personas te atraen. Representa los obstáculos externos que constituyen desafíos diarios y deseos que no llegas a resolver. Tu signo descendente es importante para comprender tu forma de comportarte en las relaciones y refleja experiencias que pueden ayudarte a identificar los problemas que existen en una relación laboral.

Por ejemplo, en la carta natal de la página 67, el descendente es Escorpio, por lo que te atraerán las personas que te fascinen y quizá prefieras una conexión intelectual a una emocional. Para descubrir tu descendente, consulta tu carta natal o utiliza el mismo enlace que has utilizado para el ascendente, desplazándote hacia abajo para leer tu perfil astrológico completo: astrosofa.com/ ascendant (en inglés).

# Entender los planetas
# de tu carta natal

Los planetas reflejan una parte de nuestra psique, así que tenemos mucho que aprender para poder comprender bien su significado. Los planetas indican cómo reaccionamos ante las personas y las situaciones que comprenden nuestros sueños y nuestros deseos. No te preocupes si en alguna de las casas de tu carta natal no hay ningún planeta, ¡es bastante común! Cada planeta gobierna un signo, que frecuenta con más regularidad. Sírvete de los datos de debajo para interpretar tu carta natal y vuelve a la página 21 para leer el significado específico que cada planeta tiene para tu signo.

El **Sol** representa nuestro ego, nuestra voluntad y determinación y atraviesa todos los signos del zodiaco en el lapso de un año.

La **Luna** refleja esa parte de nosotros que permanece oculta, nuestros recuerdos y nuestras emociones internas. Pasa por un nuevo signo cada dos días y medio.

**Mercurio** es el planeta de la comunicación, de las noticias y de los viajes. También puede estar relacionado con los rumores y los cotilleos.

**Venus** es el planeta del amor, del romanticismo, de la sensualidad y de la belleza. Nos ayuda a entender nuestro amor hacia los demás, pero también hacia las cosas.

**Marte** es el planeta de la energía, de la acción y del conflicto.

**Saturno** es el planeta del esfuerzo y de la estabilidad. También simboliza las limitaciones que nos vienen impuestas.

**Júpiter** representa el crecimiento espiritual y nos ayuda a comprender ciertos problemas emocionales que pudiéramos tener.

A **Neptuno** a menudo se lo conoce también como la «poesía del alma», porque representa nuestras emociones más profundas y la creatividad.

**Urano** simboliza la rebelión y la lucha por la justicia, tanto en nuestras vidas a nivel personal como a escala global.

**Plutón** está relacionado con el cambio y cómo este nos permite crecer y lograr nuestros sueños. Es el planeta que nos obliga a afrontar nuestros miedos y superarlos.

# Entender las casas
# de tu carta natal

Tu carta natal está dividida en doce secciones que corresponden a los signos solares del zodiaco y en otros doce segmentos superpuestos llamados *casas*. Cada casa representa un aspecto diferente de tu vida cotidiana, desde tu carrera profesional hasta los viajes, el amor o cualquier otro. Cada uno de los planetas de tu carta natal se encuentra en un signo solar o en una casa y sus posiciones son fundamentales para descifrar tu carta natal y comprender mejor cómo funcionas por dentro. Las casas son complejas y tienen muchísimos significados. En las siguientes páginas encontrarás algunas nociones introductorias, pero si quieres profundizar un poco más puedes consultar el capítulo **Recursos**, en la página 123.

# PRIMERA CASA: personalidad

Esta es la casa del yo: representa a tu persona, el cuerpo con el que naciste y tu temperamento. Esta casa simboliza nacimiento y nuevos comienzos y revela nuestra visión de la vida y cómo nuestros primeros encuentros han influido en nosotros y han dado forma a nuestro mundo. Cuando los planetas se mueven en esta casa, nuestros objetivos se manifiestan y empiezan a formarse nuevas ideas.

## Planetas en esta casa

Sol – Crecimiento personal
Luna – Sentimientos profundos
Mercurio – Relaciones
Venus – Belleza
Marte – Fuerza
Júpiter – Optimismo
Saturno – Visión a largo plazo
Urano – Individualidad
Neptuno – Atracción
Plutón – Control

## Signos zodiacales en esta casa

Aries – Motivación
Tauro – Equilibrio
Géminis – Comunicación
Cáncer – Protección
Leo – Acción
Virgo – Orden
Libra – Elegancia
Escorpio – Autodefensa
Sagitario – Visión
Capricornio – Planificación
Acuario – Lucidez
Piscis – Imaginación

# SEGUNDA CASA: bienes y dinero

Esta casa se corresponde con los bienes materiales y con la riqueza personal. Habla sobre tu comportamiento en términos de dinero. También ofrece una idea de ti en relación con las finanzas: tal vez sean una fuente de preocupación, o puede que se te dé bien ahorrar, o quizá tiendas a la frivolidad y gastes muy rápido. Además, en esta casa encontraremos todo lo que para ti tiene un valor, incluido cómo te valoras a ti mismo.

## Planetas en esta casa

Sol – Independencia
Luna – Seguridad
Mercurio – Comunicación
Venus – Sensualidad
Marte – Ambición
Júpiter – Autoconfianza
Saturno – Templanza
Urano – Cambio
Neptuno – Caridad
Plutón – Supervivencia

## Signos zodiacales en esta casa

Aries – Motivación personal
Tauro – Acumulación
Géminis – Ligereza
Cáncer – Posesividad
Leo – Orgullo
Virgo – Moderación
Libra – Equidad
Escorpio – Intimidad
Sagitario – Frivolidad
Capricornio – Planificación
Acuario – Compartición
Piscis – Generosidad

# TERCERA CASA: comunicación

Esta casa te cuenta tu manera de comunicarte con las personas que te rodean. Representa la forma en que te expresas y construyes relaciones con los demás –ya sean amigos, familiares, compañeros, vecinos u otras personas de un círculo más amplio– y, cuando los planetas se mueven en esta casa, puedes recabar información sobre tu red interpersonal. La tercera casa también pone el foco en el aspecto lingüístico de tu comunicación y de tu manera de relacionarte con tus hermanos.

## Planetas en esta casa

Sol – Lenguaje
Luna – Educación
Mercurio – Relaciones
Venus – Armonía
Marte – Competición
Júpiter – Optimismo
Saturno – Autoridad
Urano – Determinación
Neptuno – Intuición
Plutón – Aprendizaje

## Signos zodiacales en esta casa

Aries – Rivalidad
Tauro – Aprendizaje
Géminis – Relaciones
Cáncer – Protección
Leo – Autoconfianza
Virgo – Organización
Libra – Equidad
Escorpio – Educación
Sagitario – Aventura
Capricornio – Planificación
Acuario – Racionalidad
Piscis – Imaginación

## CUARTA CASA: hogar y familia

La cuarta casa hace referencia a tu hogar, ese lugar que consideras tu refugio o donde se encuentra tu familia. Son los lugares en los que sientes pertenencia y seguridad, tus oasis de paz. En este caso no solo se corresponde con tus familiares, sino a la familia que eliges: amigos, seres queridos y personas de tu comunidad. Esta casa habla de tu relación con la figura materna (o con las figuras maternas) de tu vida y de las situaciones en las que nos sentimos queridos y cuidados.

### Planetas en esta casa

Sol – Identidad
Luna – Intimidad
Mercurio – Conversación
Venus – Paz
Marte – Conflicto
Júpiter – Viaje
Saturno – Estabilidad
Urano – Independencia
Neptuno – Lugar sagrado
Plutón – Renovación

### Signos zodiacales en esta casa

Aries – Rivalidad
Tauro – Seguridad
Géminis – Lealtad
Cáncer – Protección
Leo – Orgullo
Virgo – Deber
Libra – Diplomacia
Escorpio – Intimidad
Sagitario – Hospitalidad
Capricornio – Organización
Acuario – Comunidad
Piscis – Música

# QUINTA CASA: creatividad y placer

Esta casa está relacionada con el tiempo libre, con las historias de amor y con esos pequeños portadores de felicidad y descendencia en el mundo: los niños. Tiene que ver con todo lo que te da placer y te regala felicidad, ya sea un proyecto creativo, la sensación de volver a confiar en ti mismo tras un logro profesional o la emoción de conocer a alguien. También es la casa del riesgo, así que, si te gusta apostar o eres un apasionado de los deportes extremos, toma nota.

## Planetas en esta casa

Sol – Atención
Luna – Alegría
Mercurio – Impulsividad
Venus – Comunicación
Marte – Competición
Júpiter – Fertilidad
Saturno – Estrategia
Urano – Originalidad
Neptuno – Arte
Plutón – Transformación

## Signos zodiacales en esta casa

Aries – Acción
Tauro – Arraigo
Géminis – Vínculo romántico
Cáncer – Cuidado de los demás
Leo – Felicidad
Virgo – Humildad
Libra – Perfección
Escorpio – Lealtad
Sagitario – Viajes
Capricornio – Prudencia
Acuario – Valor
Piscis – Romanticismo

## SEXTA CASA: salud y bienestar

Además de con la salud y con el bienestar, esta casa también tiene que ver con tus rutinas. Puedes consultar esta casa si tienes la necesidad de simplificar tu agenda diaria. Mientras que la primera casa hacía referencia al cuerpo con el que naciste, esta se corresponde con el cuerpo que has ido desarrollando a lo largo de tu vida. El autocuidado, el equilibrio entre el trabajo y la vida privada y la salud física y mental están en esta casa.

### Planetas en esta casa

Sol – Objetivo
Luna – Hospitalidad
Mercurio – Red de contactos
Venus – Unidad
Marte – Movimiento
Júpiter – Satisfacción
Saturno – Construcción
Urano – Cambio
Neptuno – Música
Plutón – Alimentación

### Signos zodiacales en esta casa

Aries – Productividad
Tauro – Calma
Géminis – Destreza
Cáncer – Cuidado de los demás
Leo – Autoridad
Virgo – Detalle
Libra – Diplomacia
Escorpio – Actividad
Sagitario – Libertad
Capricornio – Atención
Acuario – Equidad
Piscis – Estructura

# SÉPTIMA CASA: relaciones

Justo en el lado opuesto de la primera, la séptima casa refleja las relaciones que pueden cambiarnos la vida, no solo en lo romántico, sino todas las relaciones significativas que vas creando. Esta casa se centra en los aspectos negativos y positivos de esas relaciones y te brinda consejos para cuando puedas tener desacuerdos con alguno de tus seres queridos.

## Planetas en esta casa

Sol – Individualidad
Luna – Sensibilidad
Mercurio – Comprensión
Venus – Valor
Marte – Resolución
Júpiter – Motivación
Saturno – Esfuerzo
Urano – Independencia
Neptuno – Anhelo
Plutón – Transformación

## Signos zodiacales en esta casa

Aries – Equidad
Tauro – Estabilidad
Géminis – Variedad
Cáncer – Sentimiento
Leo – Deseo
Virgo – Arraigo
Libra – Compromiso
Escorpio – Intensidad
Sagitario – Compañía
Capricornio – Atención
Acuario – Habilidades de apoyo
Piscis – Altruismo

## OCTAVA CASA: sexo, muerte y transformación

En esta casa experimentamos los lados más oscuros de la vida –crisis emocionales, pérdidas y momentos bajos–, así como los rituales, las pruebas y las dificultades de nuestra existencia. Esta casa refleja también las relaciones románticas más intensas y nuestra capacidad para adaptarnos a la naturaleza cambiante de nuestras vidas. Nos enseña que tenemos que abrazar el compromiso, aceptar el cambio y aprender a sacar poder y fuerza interior de las pérdidas que experimentamos.

### Planetas en esta casa

Sol – Exploración
Luna – Intuición
Mercurio – Confidencialidad
Venus – Diplomacia
Marte – Capacidad decisoria
Júpiter – Positividad
Saturno – Límites
Urano – Lucidez
Neptuno – Relaciones
Plutón – Poder

### Signos zodiacales en esta casa

Aries – Impulsividad
Tauro – Inversión
Géminis – Exploración
Cáncer – Intimidad
Leo – Éxito económico
Virgo – Fatalidad
Libra – Equidad
Escorpio – Lujuria
Sagitario – Riesgo
Capricornio – Independencia
Acuario – Racionalidad
Piscis – Entusiasmo

# NOVENA CASA: filosofía y aventura

Esta casa mira hacia lo que todavía desconocemos, hacia lo que se encuentra más allá del horizonte. En ella también tienen cabida los viajes y la educación superior: las personas con planetas en la novena casa de su carta natal a menudo son extremadamente curiosas y aventureras cuando se trata de viajes. Esta casa habla de territorios inexplorados y curiosidad, de la búsqueda de una mejor autocomprensión, pero también de fe y de política.

## Planetas en esta casa

Sol – Autoconfianza
Luna – Ganas de viajar
Mercurio – Lenguaje
Venus – Creatividad
Marte – Temeridad
Júpiter – Aprendizaje
Saturno – Prudencia
Urano – Luminosidad
Neptuno – Espiritualidad
Plutón – Educación

## Signos zodiacales en esta casa

Aries – Independencia
Tauro – Paciencia
Géminis – Curiosidad
Cáncer – Relaciones
Leo – Lujo
Virgo – Disposición
Libra – Equidad
Escorpio – Educación
Sagitario – Falta de límites
Capricornio – Ambición
Acuario – Comunidad
Piscis – Escape

# DÉCIMA CASA: carrera

Esta casa no solo tiene que ver con tus aspiraciones profesionales, sino también con tu estatus social y con la forma en que los demás te aprecian. Si tienes planetas en la décima casa de tu carta natal, sin duda eres una persona ambiciosa en el trabajo y sientes un enorme placer al socializar. Si sientes que te encuentras en una fase de estancamiento, esta casa puede servirte de guía. Cuando los planetas orbitan en esta casa, significa que se aproximan cambios laborales en el horizonte.

## Planetas en esta casa

Sol – Identidad
Luna – Amabilidad
Mercurio – Red de contactos
Venus – Diplomacia
Marte – Competición
Júpiter – Oportunidades
Saturno – Responsabilidades
Urano – Independencia
Neptuno – Creatividad
Plutón – Influencia

## Signos zodiacales en esta casa

Aries – Espíritu emprendedor
Tauro – Lealtad
Géminis – Variedad
Cáncer – Amor por ver crecer a los demás
Leo – Habilidad para autopromocionarse
Virgo – Creatividad
Libra – Diplomacia
Escorpio – Determinación
Sagitario – Realización
Capricornio – Organización
Acuario – Trabajo en equipo
Piscis – Compasión

# UNDÉCIMA CASA: amistad

En esta casa se sitúa nuestro círculo social más cercano y es donde encontramos nuestro lugar en las redes interpersonales de nuestras vidas. Aquí vemos representados la amistad, el trabajo en equipo y los objetivos comunes, así como nuestra red de apoyo, los conocidos y la manera en que pasamos nuestro tiempo con las personas que nos rodean. En esta casa aparecen nuestros valores sociales y políticos y nuestra capacidad para trabajar con los demás.

## Planetas en esta casa

Sol – Compartición
Luna – Extroversión
Mercurio – Red de contactos
Venus – Atracción
Marte – Competición
Júpiter – Mente abierta
Saturno – Esfuerzo
Urano – Libertad
Neptuno – Sacrificio personal
Plutón – Emancipación

## Signos zodiacales en esta casa

Aries – Energía
Tauro – Constancia
Géminis – Diversidad
Cáncer – Seguridad
Leo – Habilidades de liderazgo
Virgo – Amabilidad
Libra – Armonía
Escorpio – Fuerza
Sagitario – Iniciativa
Capricornio – Control
Acuario – Equidad
Piscis – Comprensión

# DUOCÉDIMA CASA: sacrificio

A menudo definida como la casa del inconsciente, se la conoce también como «la oscuridad antes del amanecer»: oculta justo bajo el horizonte, completa el círculo de casas antes de que el ciclo vuelva a comenzar. El «inconsciente» nos habla de todas las cosas que carecen de forma física: los sueños, las emociones, los secretos… En esta casa, los planetas adquieren un carácter sobrenatural y se reconocen tus buenas acciones.

## Planetas en esta casa

Sol – Objetivo
Luna – Compasión
Mercurio – Imaginación
Venus – Reflexión personal
Marte – Valentía
Júpiter – Generosidad
Saturno – Dedicación
Urano – Libertad
Neptuno – Caridad
Plutón – Aceptación

## Signos zodiacales en esta casa

Aries – Iniciativa
Tauro – Relajación
Géminis – Ambición
Cáncer – Amabilidad
Leo – Creatividad
Virgo – Atención a los demás
Libra – Equilibrio
Escorpio – Intuición
Sagitario – Escape
Capricornio – Estructura
Acuario – Recarga
Piscis – Límites

# Cuarta parte

## Cómo cuidar de ti mismo con ayuda de la astrología

Todos necesitamos cuidarnos y la astrología puede orientarte hacia las prácticas más adecuadas para tu signo solar y tus características. Como Sagitario, estás en constante movimiento: esto significa que a veces duermes como un tronco al final de un largo día, mientras que otras veces te quedas despierto durante horas, con la mente dando vueltas tras los acontecimientos del día. Quizás te guste tu vida plena y frenética, pero es importante saber reducir el ritmo de vez en cuando para evitar llegar al agotamiento. Muchos de los nacidos bajo este signo encuentran que la mejor manera de cuidarse es hacer ejercicio regularmente, para mantener la mente y el cuerpo felices. Otros buscan aliviar las tensiones con el yoga y la meditación. ¿Cuál es la mejor manera de reducir el estrés? En las próximas páginas encontrarás algunas ideas que te indicarán los métodos más adecuados para ti.

# La astrología como guía de las mejores prácticas para ti

Al adaptar la manera en que cuidas de ti mismo a tu signo del zodiaco, puedes aumentar de verdad el poder regenerativo de cada práctica.

Merece la pena investigar un poco para sacarle el mayor provecho a tu tiempo libre y al descanso. En yoga existen diversas posturas que ofrecen mayores beneficios a un signo que a otro según tu personalidad y tu forma de comportarte. También puedes sacarles partido a los cristales que corresponden a tu signo solar, que harán que tu energía fluya con mayor libertad.

En las siguientes páginas, encontrarás los mejores rituales para cuidar de ti mismo según tu signo zodiacal: tarots y cristales, cuerpos celestes y chakras, técnicas de relajación y el tipo de actividad física más adecuado para ti.

Si naciste bajo el signo de Sagitario, tu vida es frenética, porque tú la haces así. Pasas de una cosa a otra (viajes, compromisos sociales, visitas familiares, cursos nocturnos) y así tu agenda siempre está llena.

Es importante aprender a reducir el ritmo para evitar el agotamiento, que puede sobrevenirte de repente y, antes de que te des cuenta, convertirte en un manojo de nervios. Intenta dejarte una o dos noches libres cada semana, para quedarte en casa y relajarte en un ambiente tranquilo. Si la idea de pasar una noche en el sofá no te convence, apúntate a un curso nocturno de yoga o meditación y relájate en otro lugar.

# Qué hacer y qué no hacer

## Qué hacer

- Sigue tu ritmo: cuidar de ti mismo no es una carrera.

- Haz cosas que te hagan sentir bien: no todas las sugerencias te sentarán igual.

- Deja que estos consejos te ayuden a cambiar malos hábitos.

## Qué no hacer

- No te exijas más de la cuenta: si tienes una lesión leve y las indicaciones sugieren que hagas un ejercicio intenso, sáltatelo hasta que te sientas mejor.

- No renuncies a cosas que te gustan solo porque no vienen mencionadas entre las específicas para tu signo.

- No corras riesgos si algo no te parece adecuado para ti: debes sentirte seguro y cómodo en todo momento.

**NO SOMOS MÁS QUE
LAS PELOTAS DE TENIS
DE LAS ESTRELLAS, LANZADAS
Y GOLPEADAS A SU GUSTO.**

JOHN WEBSTER

# Rituales relajantes y antiestrés para Sagitario

A los Sagitario les gusta mucho salir con sus amigos e ir a sitios ruidosos y emocionantes o partir a algún lugar para escapar de la rutina. Para poder soportar este estilo de vida es fundamental que goces de un buen descanso que pueda restaurar tu energía.

Concentrarte en realizar una actividad relajante antes de irte a dormir podría ayudarte a destensar el cuerpo y la mente y proporcionarte un mejor sueño. Después de un día intenso, puede resultar difícil apagar una mente tan activa, por lo que podrías probar a irte a la cama temprano para asegurarte de que dormirás suficientes horas de sueño y establecer una rutina vespertina que te ayude a relajarte. Perfuma tu almohada y toda la habitación con aroma de lavanda, apaga los dispositivos electrónicos al menos una hora antes de dormir y métete en la cama con un buen libro o una revista.

Si te cuesta quedarte dormido, puedes utilizar Calm, una aplicación que puede ayudarte a reducir el estrés y aliviar los síntomas de ansiedad con ayuda de meditaciones guiadas, historias para dormir y sonidos relajantes. Seguramente no llegues a escuchar el final de las historias, porque te quedarás frito. Puedes probar la versión gratuita de la aplicación para ver si te convence antes de suscribirte.

Además, en YouTube puedes encontrar vídeos de

sesiones guiadas de yoga de todos los estilos, orientados a resultados distintos y con duraciones que van desde los diez minutos hasta más de una hora. Puedes escoger un vídeo distinto cada vez si te ayuda a mantener vivo el interés. Lo importante es que practiques con regularidad. Reserva un hueco para estas actividades en tu agenda e intenta cumplirlo.

# Posturas de yoga
# para Sagitario

Los beneficios del yoga son muy variados: mejora la flexibilidad del cuerpo, aumenta la fuerza y el tono muscular, es una inyección de energía, estimula la circulación, favorece un sueño profundo y otorga una sensación zen de relajación.

Las posturas de yoga que encontrarás descritas a continuación son perfectas para ti y, con la carga energética que te distingue como Sagitario, te aconsejo que profundices en los estilos Bikram y Vinyasa.

Asegúrate de calentar siempre antes de realizar actividad física y no te exijas demasiado. Si es la primera vez que practicas yoga, considera apuntarte a una clase con un profesor experto.

### Postura del arquero

Ponte de pie sobre la esterilla con los pies juntos. Da un paso hacia atrás con el pie derecho y rótalo hacia fuera unos cuarenta y cinco grados con la pierna estirada mientras giras el torso y los hombros hacia el lado derecho. Flexiona la rodilla izquierda y mantenla a la misma altura que el pie, sin girarlo hacia ningún sitio. Extiende los brazos hacia fuera, a la altura de los hombros, cierra las manos en forma de puños y apunta con los pulgares hacia arriba. Ladea la cabeza hacia la izquierda y dobla el codo derecho, llevando el puño derecho hacia la axila del mismo lado. Mantén la postura durante un minuto o dos, mirando hacia el frente, y respira hondo. Después, libérate de la postura, sacude los brazos y las piernas y repítela con el otro lado.

## Postura del perro boca abajo

Esta postura te permite estirar el cuerpo de forma completa a la vez que ejercita el tronco y estimula la circulación.

Ponte a cuatro patas, con las manos un poco más hacia delante que los hombros y las rodillas por debajo de las caderas. Extiende los dedos con la palma de las manos sobre la esterilla. Apóyate sobre los dedos de los pies para levantar las rodillas del suelo y flexiónalas ligeramente. Levanta los talones del suelo y extiende el coxis hacia el techo. Empuja los talones hacia el suelo y endereza las rodillas si puedes hacerlo sin que te duela. Levanta y descansa los talones unas cuantas veces y después vuelve a apoyar las rodillas sobre la esterilla en posición de descanso.

## Postura del triángulo

Esta postura de fuerza y apertura es beneficiosa para los muslos, el torso, las caderas, las ingles, los músculos de detrás de los muslos, las pantorrillas, los hombros y la columna vertebral.

Ponte sobre la esterilla con los pies juntos, los hombros abiertos y los brazos a ambos lados del cuerpo, partiendo de la postura de la montaña. Separa los pies de modo que entre ellos haya aproximadamente un metro de distancia. Abre los brazos en cruz a la altura de los hombros con las palmas mirando hacia abajo, paralelas al suelo. Rota el pie derecho noventa grados hacia fuera y gira el izquierdo ligeramente hacia dentro. Ladea la cabeza para mirar por encima del brazo derecho, hacia la punta de los dedos. Mantén la pierna izquierda firme, con el talón bien apoyado en el suelo. Agáchate para llevar la mano derecha hacia el tobillo derecho, si puedes llegar a él, y extiende el brazo izquierdo hacia arriba, con las puntas de los dedos hacia el cielo. Mantén esta postura durante varios ciclos respiratorios y después repite el proceso cambiando de lado.

## Torsión sentada

Esta postura sirve para estirar el tórax, los hombros y la espalda y abrir las caderas. Es perfecta para aliviar el dolor de espalda tras un largo día de trabajo o para liberarte de la tensión acumulada después de haber ido de aquí para allá sin parar durante todo el día.

Siéntate con las piernas cruzadas y la espalda recta. Apoya la mano izquierda sobre la rodilla derecha y la punta de los dedos de la mano derecha sobre la esterilla detrás de ti. Inspira para relajar todo lo posible la columna vertebral y después espira y gira el cuerpo hacia la derecha. Mantén esta postura durante varios ciclos respiratorios y después cambia para hacerla hacia el otro lado.

**NO EXISTE MEJOR BARCA
QUE EL HORÓSCOPO
PARA AYUDAR A LOS HOMBRES
A ATRAVESAR EL MAR DE LA VIDA.**

Varāhamihira

# Actividades físicas
# para Sagitario

Las personas nacidas bajo el signo de Sagitario adoran estar siempre rodeadas de gente, por lo que los deportes de equipo les sientan de maravilla. Es más que probable que seas el organizador o el capitán del equipo: siempre estás dispuesto a guiar al grupo hacia la victoria, aunque seguramente también los convenzas para que vayan a la fiesta pospartido. Tanto el ejercicio físico como estar con tus amigos te hace sentir bien, así que sacas tiempo de tu agenda para dedicarlo al deporte y a socializar con tus compañeros de equipo.

Puedes aprovechar los beneficios de correr y de practicar yoga para relajarte y descubrirás que realizarlos en el descanso de la comida es justamente lo que necesitas cuando tienes días especialmente ajetreados. Puedes ponerte una alarma si ves que el trabajo te atrapa hasta el punto de hacer que se te olvide la hora de comer y te hace estar tenso cuando se va acercando el momento de volver a casa.

Tu amor por la naturaleza y el aire libre puede jugar a tu favor. En lugar de ir al gimnasio, ¿tienes máquinas de ejercicios de *fitness* al aire libre cerca de tu casa? Si la respuesta es que no, prueba a improvisar algo en un espacio verde para sacar provecho de la naturaleza. Numerosos ejercicios, como las flexiones, las sentadillas, los *burpees* y los *jumping jacks*, pueden realizarse en casi cualquier espacio. Nadar en entornos naturales, hacer excursiones y correr por sendas son otras actividades que Sagitario puede utilizar enormemente a su favor.

Las artes marciales que fortalecen toda la musculatura del cuerpo, como el *taekwondo*, son excelentes para aumentar la fuerza, la resistencia y la paciencia. Este arte marcial tiene sus raíces en la defensa personal y se basa en técnicas de precisión de puñetazos y patadas y en el entrenamiento de la fuerza mental, lo que requiere la participación de cuerpo y mente a partes iguales.

# Los cristales

Los cristales presentes en la naturaleza poseen propiedades piezoeléctricas y piroeléctricas que los hacen vibrar. Esto, unido al hecho de que también son conductores de calor y electricidad, ha llevado a la creencia generalizada de que pueden transformar tus niveles de energía, ayudarte a encontrar el amor y tener efectos curativos sobre ti.

Los cristales se han empleado para la curación de diversos males desde hace miles de años. Se cree que sus vibraciones ayudan a restablecer los mecanismos naturales de nuestro cuerpo, además de favorecer una sensación de equilibrio, calma y bienestar. A este tipo de práctica se la llama *medicina vibracional*.

A menudo las personas eligen cristales por sus colores y sus propiedades, pero también es clave que piensen en su signo zodiacal y en su fecha de nacimiento. De hecho, obtendrás mayores beneficios si escoges cristales que estén alineados con tu signo solar.

Ten en cuenta también el cuerpo celeste (véase la **Ficha de Sagitario** en la página 39) y los cristales asociados al chakra correspondiente a tu signo solar (véase el capítulo **Los chakras** en la página 119) para obtener los máximos beneficios.

| Chakra | Lugar | Color | Asociaciones emocionales y físicas |
|---|---|---|---|
| Raíz | Base de la columna vertebral | Rojo | Arraigo, independencia |
| Sacro | Debajo del ombligo | Naranja | Aceptación, bienestar, placer |
| Plexo solar | Base de la caja torácica | Amarillo | Confianza en uno mismo, autocontrol, autoestima |
| Corazón | Centro del pecho | Verde | Amor, alegría, paz interior |
| Garganta | Base de la garganta | Azul | Comunicación, expresión personal |
| Tercer ojo | Entre las cejas, por encima | Índigo | Intuición, capacidad de decisión |
| Corona | Parte superior de la cabeza | Violeta | Sensación de conexión, espiritualidad |

# Los cristales según tu signo del zodiaco

**Aries** – jaspe rojo, cornalina, cuarzo citrino

**Tauro** – cuarzo ahumado, amazonita, selenita

**Géminis** – shungita, amazonita, ojo de tigre

**Cáncer** – selenita, labradorita, jaspe rojo

**Leo** – ojo de tigre, cuarzo rosa, granate

**Virgo** – amazonita, amatista, fluorita

**Libra** – ojo de tigre, amatista, piedra de heliotropo

**Escorpio** – turmalina rosa, amatista, azurita

**Sagitario** – lepidolita, cuarzo ahumado, shungita

**Capricornio** – cuarzo rosa, granate, cuarzo ahumado

**Acuario** – lepidolita, amatista, cuarzo turmalinado

**Piscis** – cuarzo, cornalina, crisocola

## Limpieza de cristales

Es importante que prepares tus cristales antes de emplearlos para eliminar energías negativas o pasadas. Enjuágalos en agua corriente durante un minuto y deja que se sequen al aire libre. Después métalos en agua salada y déjalos secando otra vez. Por último, expón los cristales a la luz de la luna o del sol durante doce horas. Entonces estarán listos para ser usados.

## Cómo cuidarte con ayuda de los cristales

Puedes probar a usar los cristales para crear un espacio relajante en tu casa o donde quieras alimentar tu creatividad. Sigue estos pasos para mejorar la calidad de la energía de tu espacio seguro:

- Escoge un espacio tranquilo y acogedor de tu casa, como una zona en la sala de estar o en tu habitación. Tiene que ser un lugar en el que puedas tomarte algún momento libre de ruidos y de otras personas, que te resulte cómodo y que te permita relajarte.

- Deja que el aire fluya en ese espacio para liberarlo de las «energías muertas». Después límpialo físicamente: elimina el polvo y las telarañas que veas, ordénalo y deshazte de los objetos más superfluos para que solo queden unas cuantas cosas que consideres elementales.

- Añade algunos cristales para llenar tu espacio de calma: el cuarzo y la amatista son ideales para este objetivo, ya que estimulan la regeneración, la purificación y la armonía.

- Coloca los cristales en zonas claves donde puedan recibir luz natural y asegúrate de dejar algo de espacio entre ellos para evitar que se toquen.

# Los tarots

Los tarots se emplean para la adivinación y cualquiera es capaz de leerlos. De hecho, no es necesario ser o consultar a un médium para probar con la baraja. Puedes leer el tarot tú mismo o turnarte con un amigo. Los tarots pueden servirte de guía y revelarte nuevos puntos de vista si formulas una pregunta e interpretas las cartas que extraes casualmente de la baraja. Cada una de las setenta y ocho cartas tiene un significado único para cualquier pregunta.

Las cartas están divididas en arcanos mayores y menores. Los veintidós arcanos mayores incluyen figuras que puedes haber oído alguna vez, como el Sol, la Luna, el Loco, la Muerte y los Amantes. Representan influencias kármicas y temas vinculados con tu vida. Cuando aparece uno de ellos en tu lectura, debes tomarte el tiempo necesario para reflexionar sobre las lecciones de vida que puede ofrecerte.

Cada signo del zodiaco está gobernado por uno de los arcanos mayores. En el caso de Sagitario, la carta es la Templanza, que representa la moderación, es decir, la capacidad de encontrar un equilibrio y obtener lo mejor de todas las cosas.

Los arcanos menores constituyen cincuenta y seis cartas divididas en cuatro palos de catorce cartas cada uno: diez de ellas están numeradas y después las siguen una sota, un caballo o caballero, una reina y un rey. Estas cartas representan situaciones y pueden ayudarte a tomar decisiones y a reflexionar sobre tu condición psíquica.

Los tarots en sí mismos pueden interpretarse de formas distintas. Algunas personas creen que las respuestas provienen de espíritus o ángeles, mientras que otras prefieren interpretarlas basándose en la sincronicidad, según la cual las cartas extraídas de la baraja crean un significado en la correlación de unas con otras.

Si te interesa este tema, te aconsejo que profundices en el significado específico de cada carta, aunque en las siguientes páginas encontrarás algunos consejos básicos. Con solo varias indicaciones, podrás descubrir el simbolismo de los tarots y emprender un viaje de autodescubrimiento personal.

## Escoge una baraja

Se dice que, si alguien se compra a sí mismo su primera baraja de tarot, le traerá mala suerte, ya que debería ser un regalo. Sin embargo, hoy en día esta superstición está bastante anticuada, así que, si la idea no te molesta, ¡ve a comprarte una baraja! Es importante que tengas un buen vínculo con la baraja de cartas que vas a usar, así que elige una que tenga ilustraciones que te agraden. Hay cientos de barajas diferentes a tu disposición: investiga un poco y escoge la que más te guste. Si, en cambio, te sientes abrumado por la cantidad de barajas que existen, siempre puedes escoger la más famosa, la clásica de Rider-Waite.

## Energiza y purifica las cartas

Una baraja de cartas nueva necesita que la llenen de energía, así que, después de sacarlas de su caja por primera vez, tómate un momento para mezclarlas bien. La mejor manera de hacerlo es extenderlas sobre una mesa y moverlas con las manos hasta que te parezca que se han mezclado bien. No hace falta que seas sumamente delicado; no pasa nada si algunas cartas terminan del revés: darán lugar a lecturas invertidas. Así que mézclalas, vuelve a mezclarlas y mézclalas una vez más.

Cuando llevas un tiempo sin usar tu baraja, es buena idea limpiarla para liberarla de posibles energías negativas. Hay distintas maneras de hacerlo: baraja las cartas y golpea el mazo tres veces con los nudillos. Por la noche, coloca las cartas sobre el alféizar de una ventana para que queden bañadas por la luz de la luna, quema un poco de salvia seca y pasa la baraja por el humo unas cuantas veces.

## Crea la atmósfera

Al principio, te recomiendo que elijas un espacio que te dé paz y tranquilidad y donde puedas dedicarle a la baraja toda tu atención. Escoge un lugar tranquilo y ordenado donde sientas que hay energía positiva. También puedes añadir algunos objetos que te parezcan adecuados para ayudarte a crear la atmósfera perfecta.

## Define la intención

Durante una lectura, es fundamental que la energía a tu alrededor sea positiva. Un modo sencillo para asegurarte es que ilumines el lugar con una luz blanca y brillante, lo que hará que se disipen posibles energías negativas que pueda haber y las mantendrá alejadas durante toda la lectura.

## Lectura y preguntas

Si eres principiante, te recomiendo que empieces con tres cartas, que van a representar el pasado, el presente y el futuro. Imagina la pregunta que vas a hacer mientras barajas el mazo. Las cartas que salen volando del mazo mientras lo haces son significativas. Delante de ti, vas a disponer de tres cartas bocarriba: pasado, presente y futuro.

Cuanto más precisa sea la pregunta, más precisa será la respuesta. Intenta evitar hacer tanto preguntas vagas como las que podrían responderse con un simple «sí» o «no». Lo ideal es que busques cuestiones que puedan abrir una conversación.

Como Sagitario, es posible que quieras preguntarte adónde te llevará el viento en tu próximo gran viaje. ¿Qué posibilidades se te presentan? Pregunta a las cartas qué rumbo tomarán los acontecimientos.

**NO DEBEMOS AVERGONZARNOS
DE COQUETEAR CON EL ZODIACO.
EL ZODIACO ES VALIOSO.**

DAVID HERBERT

# Los chakras

Si has practicado yoga alguna vez, seguramente sabrás lo que son los chakras e incluso tengas ganas de saber más sobre ellos. Los chakras vienen mencionados en los textos sagrados del hinduismo, pero son reconocidos y utilizados por muchas personas fuera de la religión y se consideran puntos de fuerza vital que hacen fluir su energía hacia partes concretas de nuestro cuerpo. Cuando el estrés y las tensiones de la vida crean bloqueos en alguno de estos puntos, nuestro cuerpo podría resentirse, por lo que es útil tratar de eliminar tales bloqueos. La mejor manera de hacerlo es estimular el flujo de energía a través de la meditación, posturas de yoga específicas para cada chakra o ejercicios de respiración.

Existen siete chakras principales: raíz, sacro, plexo solar, corazón, garganta, tercer ojo y corona. Estos puntos son diferentes de las partes del cuerpo asociadas a los signos del zodiaco y corresponden, en cambio, a las características personales de cada uno.

### Los signos del zodiaco y los chakras

**Aries**: Chakra del plexo solar, situado en el abdomen, fuente de autoestima y poder

**Tauro**: Chakra del corazón, cuya energía confiere habilidades relacionadas con la empatía

**Géminis:** Chakra de la garganta, asociado a la comunicación y a la creatividad

**Cáncer:** Chakra del tercer ojo, situado sobre la frente y considerado el centro del alma

**Leo:** Chakra de la corona, que representa el pensamiento, la comprensión y la capacidad de encontrar soluciones con facilidad

**Virgo:** Chakra de la garganta, que refleja la comunicación clara y el saber hablar en público

**Libra:** Chakra del corazón, fuente de sanación emocional y creación de vínculos con los demás

**Escorpio:** Chakra del plexo solar, que ayuda a combatir los miedos y a mantener las emociones bajo control

**Sagitario:** Chakra sacro, que brinda optimismo y pasión

**Capricornio:** Chakra de la raíz, situado en la base de la columna vertebral, que favorece una buena salud mental y física

**Acuario:** Chakra de la raíz, que ayuda a mantener los pies en la tierra y a adoptar una actitud de apoyo

**Piscis:** Chakra sacro, que fomenta la sensualidad, el entusiasmo y la creatividad

# ¡Hasta la próxima!

¿Qué piensas ahora sobre el zodiaco? ¡Seguro que has aprendido muchísimo! Apuesto a que habrás vivido más de un momento revelador mientras estabas leyendo este libro, en el que situaciones y características que te son familiares salían de las páginas para encontrarse contigo. Muchos sentimos la necesidad de comprendernos más profundamente y la astrología puede darnos un poco de tranquilidad entre las complejidades de la vida moderna.

Espero que este libro te haya dado la perspectiva y el conocimiento que necesitabas para emprender la siguiente fase de tu viaje. Ahora es momento de que saques tus propias conclusiones sobre quién eres realmente y de dónde vienen tus comportamientos, y en esto podrán guiarte las estrellas. El misterio del zodiaco es tan amplio como complejo, pero es una maraña que se puede desenredar y, si estás dispuesto a afrontar sus retos, podrás sacar provecho de todo lo que te ofrece.

## LA ASTROLOGÍA ES
## UNA PARTIDA DE AJEDREZ
## CON UN COMPAÑERO INVISIBLE.

NOEL TYL

Recursos

# Libros

Goodman, Linda (1999). *Sun Signs*. Pan Macmillan UK.

Parker, Julia, y Parker, Derek (2020). *Parkers' Astrology*. Dorling Kindersley.

Taylor, Carole (2018). *Using the Wisdom of the Stars in Your Everyday Life*. Dorling Kindersley.

## Páginas web y aplicaciones

Astro.com – Un amplio recurso gratuito tanto para principiantes como para expertos en astrología. Puedes configurar tu carta natal en este sitio como punto de partida.

Linda-goodman.com – Un foro de gran utilidad, dedicado a la difunta astróloga, donde las personas comparten sus experiencias astrológicas.

TimePassages – Una aplicación de pago, pero muy fácil de usar, donde puedes configurar tu carta natal, leer los horóscopos diarios y comparar tu carta con la de algún amigo o compañero.

Co-Star – Una aplicación de astrología muy famosa (la versión básica es gratuita) con un diseño elegante. Es una herramienta útil que cuenta con lecturas en tiempo real basadas en datos de la NASA y una gran cantidad de información y consejos.

# Índice